パートナーシップ政策

福祉サービス供給における
行政とNPOの関係

みらい

はじめに

　第二次大戦後、英国をはじめとした先進諸国では、福祉国家設立が目指されていった。ヘルスケア、高齢者ケア、障害者ケア、教育、保育を国家が担い、国家の役割とヘゲモニーは拡大していった。けれども、国家が担う負担が増大していくと、景気の悪化も伴って、次第に福祉国家の危機が叫ばれるようになる。80年代に入ると、福祉国家に対置する小さな政府設立が目指されるようになり、サッチャー政権やレーガン政権に代表されるような市場原理主義が台頭してくる。経済のグローバル化や金融政策の自由化が後押しし、医療や福祉の分野ではサービスの商品化が進み、エスピン・アンデルセンのいう「脱商品化」とは逆の市場的効率性の論理が台頭してくる。けれども、一通り目に見える成果を上げた市場化は、時が経つにつれ綻びが出始め、社会の安定性や制度の持続可能性を含む社会全体の耐久性に陰りが生じてきた。

　公共サービスの担い手も多様性が求められるようになり、市場、国家、ボランタリーセクター、インフォーマルセクターによって役割が分担されるべきと、福祉ミックス論が提唱されるようになる。そのためますます、アクター同士のネットワーク構築や協働の必要性が求められるようになったが、中でも行政とNPOとの協働は多くの課題が存在している。この公私関係の在り方は、欧州を始め長年取り組まれてきており、例えば独逸では、社会法典により官の後置性が定められたり、英国ではブレア労働党政権時にパートナーシップ政策が積極的にとられる等行われている。

　日本の福祉サービス供給における公私関係の構図は、憲法第89条に規定された公私分離の原則が主軸になって設定されてきた。その後、サービスの質の向上の問題や、民営化、新自由主義の影響もあり、保育所の利用契約方式採択や、介護保険制度の創設が行われ、準市場の仕組みが一部採用されるよ

うになった。さらに、度重なる大震災の経験から、市民ボランティアや
NPO活動に対して社会の注目が集まるようになり、地域社会の重要な社会
資源のひとつとして認識されるようになってきた。けれども、市民活動が活
発になっているにも関わらず、一部の福祉分野では旧態依然の措置制度が
脈々と継続されている。その結果、一般市民から隔離された〝福祉の領域〟
が構築され、生活ニーズの多様化・複雑化に対応しにくいことやサービスの
画一化、サービスの質の低下等の課題が発生している。

　今後、日本が真の市民社会構築を目指すのであれば、サービス提供に関し
ての透明性の確保や、創意工夫に満ちたサービスの提供、利用者がサービス
提供者を選択することができる等の仕組みを設定する必要がある。そのため
には、行政とNPOの適切な役割分担のもと、協働関係が築かれていくべき
ではないかと問題意識を持った。

　そこで、本研究は、市民社会を目指す日本の福祉サービス供給における行
政とNPOの協働について明らかにしていくことを目的とする。特に日本に
残存する措置制度における行政とNPOのあり方に着目し、そのような体制
となった歴史的背景を明らかにする。そして協働政策の分析を行い、協働関
係をバックアップするためのパートナーシップ政策の可能性を提示してい
く。

　本研究はほぼ10年前に行われた。10年前、日本の地方自治体ではイギリス
のパートナーシップ政策やコンパクトは新たな協働だと希望を持ってその手
法が採用されていた。けれども本研究で協働の先駆的事例として取り上げた
自治体でも、現在では、NPO提案型協働事業を終結させている自治体もあっ
た。協働やパートナーシップ政策を方法論と捉えては見誤り、一過性の流行
りとして終わってしまう。民主的社会で求められている市民の参加の意義を
再考察し、福祉サービス供給の担い手に市民が参加する仕組みをデザインす
ることが大事である。

　今回、約10年間眠っていた研究成果を世に出せる光栄に感謝したい。特
に、私の研究者としての師である栃本一三郎先生への感謝は言葉に尽くせな

い。研究姿勢について厳しくご指導いただきながらも、本研究の意義を理解
してくださり、期待してくださったことが何よりも研究の励みとなった。

　博士論文を審査してくださった才村純先生、渡辺深先生、藤井達也先生に
も感謝申し上げる。また、研究助成をしてくださった日本学術振興会、出版
助成をしていただいた白梅学園大学、株式会社みらいの松井克憲さん、米山
拓矢さんに深くお礼を述べたい。

　最後に、いつも私を温かく包んでくれている家族に心からの感謝の気持ち
を伝えたい。

2020年2月　田中真衣

目　　次

第 4 章　市民社会における行政と NPO の関係性 ……… 115

第1章

理論枠組みの構築

第1節　行政と NPO のパートナーシップ

　本章では、行政と NPO の関係性に関する先行研究から、理論的整理を行っていく。ひとつの学問領域に留まらず、複合領域に跨るトピックのため、各学問領域から調べ、整理していく。なお、本稿で使用する NPO とは、非営利組織と同じ意味とする。日本の特定非営利活動法人（NPO 法人）で認証される法人格の有無を問わず、"非営利" に活動している団体・組織全般を指す。

1.　パートナーシップとは

　パートナーシップとは、「共通のゴールに辿り着くために協働していくことを同意すること。例えば、新しい組織構造を作り出すこと、このゴールにたどり着くための過程、プログラムに参加するための計画や手段、関連する情報、リスク、報酬を共有すること…従ってパートナーシップは各参加団体に、新たな資源、アイディア、知識を供給し、利益を還元するものである（The Audit Commission 1998,p.8）」、「パートナーシップは 2 つ以上の組織が自身の組織のアイデンティティや目的は残しつつ覚書を共有して共に働くために使われるメカニズムに焦点を当てたもの（Gledinning et al 2002,p.3）」といった定義づけがされている。けれども、グレンニング（Gledinning et al 2002,p.3）によると、パートナーシップを定義することは難しく、そこにはユニークなモデルの提示や成功例がないため、多くの人々の支持を得ている定義もパートナーシップを分析するための明確な理論的フレームワークも存在しないという。そこで本稿では、ある社会問題に取り組むために、さまざまな異なる主体がパートナーとしてお互いの優先順位、価値観や性質の違いを理解した上で、共通の取り決めや認識を図り、対等な関

係性を築きながら活動していくことを、『パートナーシップ（＝協働)』と表記していく。

　NPO が行政とパートナーとなる必要性は、各組織のミッションを達成するために、社会問題に対応していく際の社会資源を確保することにある。対価性がなく、プライバシーに立ち入ることが多い活動のため、信用力や情報、資金といった面を担保してくれる行政との協働が必要となることが多い。一方、行政が NPO と協働する必要性は、NPO が有する機敏な行動力と創造性を確保することにあることが多い。行政の規格化されたサービス体系では、公共を維持するための限界が生じやすいからだ。そこで、市民の細かなニーズを機敏に察し、柔軟に対応できる NPO と協働することが必要となる。また、取引コストの節減ができることや、アカウンタビリティが高まることが利点としてある。公共サービスの提供や政策決定の権限が、政府・行政に集中される傾向を打破するためという側面もある（北川 2004,p.193）。

　さらに、パートナーシップによって市民参加が広がる。市民が NPO 活動等で公共を担うことに参加し、市民としての責任感を持つことができる。栃本（2002b,p.48）は、これを福祉の市民化として、福祉の市民化が可能となる環境設定を 4 つの条件として提示している。条件 1：地方分権（中央政府から地方政府への権限移譲、政府間関係）、条件 2：公民関係の分権化（官から民への権限移譲、行政が資源配分を決めるのではなく、民間（市場セクター、社会セクター、市民）が政策プロセスを始めさまざまな領域でイニシアティブをとっていく）、条件 3：個人が購入できる福祉・ビジネスとしての福祉（市民の常識が通る、市民ルールの適用）の設定、条件 4：市民の参加（あらゆる領域、過程における市民参加の実現（計画の策定、実施＝具体的に担い手となる、進行管理や評価・モニタリングといった一連の過程に市民が参画すること））である。

2. 経済学的解釈

　ウェイスブロッド（1988）は、公共財理論（The Public Goods Theory）を提起した。公共財（公益）とは、消費者が選んで消費する私的財に対して、共同で利用する財やサービスのことである。ハーシュマン（1970,p.111）は、「一人の成員による消費や使用を減少せしめるようなことのないやり方で、特定の地域社会、国家、あるいは地理的領域の成員となっている人々のすべてによって消費される財（益）」として定義している。サミュエルソンは、非排除性（nonexcludability）と非競合性（nonrivalry）の2つの性質を同時に満たす財やサービスを純粋公共財と分類した（林 2009,p.76）。非排除性とは、契約をしていない者やお金を支払わない者にはその財を使用させないようにすることができない性質のことであり、非競合性とは、その財を誰かが使用しても、使用できなくならない性質のことである。また、私的財と公共財の間には、準公共財（quasi-public goods）も存在する。

		排除性	
		可能	不可能
競合性	有	私的財	共用財
	無	クラブ財	公共財

表1－1：財の分類（林 2009,p.76）

　表1－1のように、競合性があって排除性がないものは共用財とされ、公園や入会地など誰でも使えるがだんだん混雑して使えなくなるもののことを指す。競合性は少なく、排除性が可能なものとしてクラブ財がある。これは、ゴルフ場やフィットネスクラブのようにお金を払った人だけ使用できるなど制限を設けた財である。

　このように、排除性と競合性がない公共財は、これらの性質から市場のメカニズムが機能しない。市場絶対主義者からは、市場に任せておけば自然に最適な資源配分が実現されるので、再配分は市場の自由競争に委ねておけば

よいと考えられてきていたが、独占的企業の存在や、外部効果、公共財、情報の偏在、不確実性から、それでは失敗すると経済学では考えられてきた。例えば、麻薬、売春、奴隷、人身売買、臓器売買といったことは、利潤があがり、それに伴い雇用促進がなされ、社会的余剰が上がる性質を含んでいるが、人道的に見ても解決できないものがある（林 2009,p.57）。また、個人が私財から公共財に対して、自発的負担を行い、公共財の最適供給を確保することは、政府等の強制力がない限り難しい。また、その拠出額を国民全員に公平に支払いを求めることは難しく、NHK 受信料問題や年金不払いのように、需要は受け入れるが、コスト負担は他人に押し付けるフリーライダーを生んでしまうことで、社会に必要な共有サービスを供給することはできなくなる。さらに、共有地の悲劇と称されるように、村人全員が自由に利用できる牧草地、入会地に、各々の家畜を放牧し、自分の家畜が餌を食べることのみを考えてしまうと、その牧草地は不毛の地となり、結果として村人全員が、被害を被ることになってしまう。このように、公共財には、私的限界費用と社会的限界費用の乖離という問題が含まれている。

　そのため、政府は公共財を供給する場合、平均的なニーズを持ち、人数も多いいわゆる中位投票者層に的を絞り、全地域に画一的で公平な公共財を提供する傾向がある。けれども、何かを決定する場合には、国民の支持が必要となり、意思決定するための手続きを踏み、合意形成がなされることを待つため、迅速にニーズに対応できなかったり、少数の需要は満たされにくいというデメリットがある。これを政府の失敗とよぶ。公共財の供給には、政府の限界があるため、ウェイスブロッド（1988）は非営利組織が必要だと説明している。

　けれども、ウェイスブロッドの説明では、公共財の供給が政府の代わりとして、なぜ営利組織を含めた営利組織等ではなく非営利組織が最適なのかということを説明できていないとハンズマン（1987）は別の説明を提示する。彼は利潤の最大化と効率性を目指す市場の原理では、営利組織が利潤を上げるために、サービスや商品のコストを下げる可能性が高まり、消費者が選択

することに十分な情報が提供されず、サービスの提供者と消費者間の情報の非対称性が発生するため、消費者が不利益を被りやすくなると説明した。これを契約失敗理論（The Contract Failure Theory）と呼び、公共財の担い手は営利組織でなく、己の利益のために働かないと信頼がある非営利組織であるべきだとした。

1970年代初頭より経済学において、非営利組織は公共政策に欠かせないものになっていき、非営利組織に関する本格的な研究が開始された。非営利セクターの役割理論と行動理論の2つのアプローチを中心に発展していき、なぜ非営利組織は経済から退出しているのか、なぜある領域では非営利セクターが活発になっているのか、彼らの活動は経済効果があるのかといった視点から研究されていった。そして、公共財供給においてもその担い手として期待されるようになっていった。

1970年代中盤になると、社会学者から政府と非営利組織間の相互作用の視点について、それぞれの資金と機能をごちゃまぜにした新しい現実を反映するコンセプトとモデルを持っていないと声が上がり始めた（Saidel 1989）。そこで、政府と非営利組織との関係を読み解く理論として、競合パラダイム（The Paradigm of Competition）がでてくる。競合パラダイムは、経済学用語でいえば、ゼロサムゲームとして捉えられてきたもので、行政の活動と非営利組織の活動との関係を、一方の拡大が他方の縮小をもたらすという相互排他的なものとして理解し、両者のコンフリクトを強調する見方である（Gidron,Kramer and Salamon 1992,p.5）。けれども、ギドロン等（ibid）は、競合パラダイムの限界として6つの視点から反論している。

まず、「イデオロギーと現実の区別が付いていない」点については、政府と非営利組織の両者間の葛藤に長年メスをいれてこなかったため、政府は非営利組織に比べ、圧倒的に信頼を得ていて賞讃されており、非営利組織は政府を助ける役割とみなされているという現実をとらえ損ねているとする。2つ目の「分析のレベルの違い」では、政府と非営利組織との関係性は、それぞれの地域で違ってくるということである。非営利組織は、国家政府とは薄

いつながりだが、地方で密接に繋がる特徴があり、国家、地方といった政府内のレベルの違いとともに、非営利組織との関係性も違ってくる。3つ目の「機能の違い」では、政府と非営利組織の果たすべき機能に、決定的な違いがある。非営利組織は、サービス機能、社会的機能、代表的機能を持ち、政府は財源機能、統制機能、サービス機能を持っている。したがって両者がこれらの役割を果たすためには、非営利組織は政府から資金援助を受ける一方で激しいアドボカシー活動を行ったり、政府も統制するために厳しくとりしまったりする場合も多々ある。この関係で生じる葛藤の部分にのみ注目することで、そこで存在している協力関係を見落としている。4つ目の「財源とサービス提供の区別」では、政府が財源の一般化とサービスをサポートするための確実なサービス提供の両方を担うことが多くなった。公共サービス供給自体が2種類の全く異なる活動を含んでいることへの認識の欠如から生じる葛藤パラダイムである。競合パラダイムでは、政府が融資した財源で、政府もサービスを提供している。5つ目の「歴史のインパクト」は、政府と非営利組織は固定的ではなく、社会政策の展開を反映して、何度も顕著に変化していくものである。また、非営利組織は国家に競合するものではなく、国家責任の拡大を唱えてき、そしてそこから利益を受けてきた。6つ目の「国の伝統の違い」は、宗教や、法制度の違い、政府内の分権化のレベルなど違った国の伝統と様式が、非営利組織の役割を形作ることである。

　サラモン（＝2007,pp.21-23）は非営利組織の特徴として6点あげている。①フォーマルな組織性、②非政府性、③非営利性、④独立の意思決定、⑤自発性、⑥公益性である。非営利組織の活動が各領域で活発化していくとともに、ますます政府の非営利組織に対する態度が問われてくることを受け、政府の非営利組織に対する支援を正当化するボランタリーの失敗論を以下の4点からサラモン（＝2007）は展開する。1点目は「フィランソロピーの不足」で、非営利組織の資源である資金と人の不足である。人々の寄付行為やボランティア参加は経済変動に左右されやすく、常に不安定であること、また資本主義社会における人的サービス関連諸問題に対処するだけの確固たる

財源を、非営利組織は自ら創出できないことをあげる。さらに市民が地域で地道に行っている活動が多く、社会全体を網羅するものではないため、地域格差も出現してくる。

　２点目は、「フィランソロピーの専門主義」で、非営利組織は良くも悪くもその利害を代表するグループと、そうでないグループとに分かれ、排他性の性質を保有しているため、組織内の我々意識が高く、自分の組織を創り、活動を求めるため、サービスが重複的になってしまうことが多々発生し、地域の利用可能な資源を利用しないなど資源の無駄が出てきてしまう。また、非営利組織とその支持者が、組織の特定の下位集団に関心を集中させてしまうので、サービスの利用に関しても誰でも公平に使えるというものでなく、深刻な溝が生まれてしまう。

　３点目は「フィランソロピーの父権主義」で、家父長主義が根強く残っているため、非営利組織は、寄付額が多い人に気に入られるようなサービスに寄って行ってしまうという傾向がでてくる。公の決定プロセスを経ることはないので、民主的とはいかなくなり、どうしても活動資源を多く与えてくれる者の意向をくみ取ったものになってしまう。

　４点目は「フィランソロピーのアマチュア主義」で、人間の問題に素人的手法で対処していることである。公共財に関することは、人間の根源的問題を含んでいることが多いが、本来人間の問題には、道徳的説教や、宗教教育者が携わっていたが、時代が変わり、一定のトレーニングを受けたソーシャルワーカーやカウンセラーが行うようになってきたため、人間本来の道徳的問題に対して、素人的な対応で軽率に扱ってしまうことがある。

　そこでギドロン等（1992）は、政府と非営利組織との関係性は大変複雑なものであるとし、その複雑性を理解するために表１－２のようにモデル化した。現在の福祉国家での政府と第三セクターの関係を描くために、基本的な４つのモデルに分類した。これらのモデルは、"資金とサービスの権限"と、"実際のサービス供給者"といった２つの機能の区別から導き出されている。

	資金	サービス供給
政府支配モデル	政府	政府
二元的モデル	政府／第三セクター	政府／第三セクター
協同モデル	政府	第三セクター
第三セクター支配モデル	第三セクター	第三セクター

表1－2：政府と第三セクターの関係性モデル（Gidron, Kramer and Salamon 1992,p.18）

　政府支配モデルは、資金面でもサービス供給面でも政府がその役割を担う。政府が税金を資金として、政府がサービスを供給するために人を雇う。いわゆる"福祉国家"として捉えられてきた視点と似ている。二元的モデルは、平行線モデルとされ、政府と第三セクターが資金と供給の役割を共有するという混合モデルではあるが、それぞれは分離され限定された範囲で行っているため交わることはない。協同モデルは、両者が資金と供給の役割を共有するのだが、一緒に活動する。このモデルは、エージェント型とパートナーシップ型に分けられている。この協同モデルにおいて多くは、資金が政府で供給が第三セクターとされてきたが、逆のパターンでも理論的には可能である。しかし、多くのケースは、非営利が単に政府のプログラムの代理人として活動している"協同売買モデル"である。一方で、政治的過程からプログラム管理まで両者が協同する"協同パートナーシップモデル"もある。第三セクター支配モデルは、第三セクターが資金とサービス供給の役割を担う。未だ社会において広く受け入れられていないモデルである。この類型は、さまざまな社会や状況における政府と第三セクターの関係性を読み解くための言語として作成された。ギドロンらは、ドイツ、オランダ、ノルウェーを初めとする9カ国のフィールドで、政府と福祉国家の関係性を比較分析している。そして福祉国家において、そしてそれが十分発達した国においてさえ、非営利組織が重大な役割を担っていること、そして政府と非営利組織の両者が協同的パートナーシップに変化していると結論付けている。

3.　経営学的解釈

　1960年代辺りより、組織論の中でも組織間関係論において政府と非営利組織のパートナーシップについて研究がされてきている。1978年に、フェッファーにより、資源依存パースペクティブ（The External Control of Organizations）が提言された（ibid)。資源依存パースペクティブとは、組織が存続し続けるためには外部環境と関わることは避けられず、他組織に依存し、資源の獲得や処分を巡ってやりとりすることによって関係性が築かれ、組織が維持できていると捉えるものである。その特徴は、①自身の存続条件を自由にコントロールできないという意味で、組織は環境に資源を依存している、②組織の境界は、誘因—貢献の資源取引に対して、その組織がもつ「統制能力」によって定義される、③組織は利害関係者の連合体、もしくはそうした利害をめぐって影響力と統制力が取引される場としての側面をもっている、④参加者には内部者と外部者がいる。外部者が組織の社会的環境を形成し、彼らの利害に沿うように組織をコントロールしようとする（田尾&桑田 1998,pp.54-55）ことにある。ここで用いられている依存とは、「他組織が当該組織に対してパワーを持っていることであり、他組織からすれば自らにとって望ましいことを当該組織にさせる能力を持つことにほかならない」とエマーソンのパワー依存モデルでは説明している（idem,p.36）。また、組織は他組織への依存を減らそうとしたり、逆に他組織を自らの組織に依存させようとしたりと緊張関係を保持している。

　アストレイの協同戦略パースペクティブ（Collective strategy perspective）では、共有された目標を達成するために、組織間同士が互いに依存しながら、交渉や妥協を通じて、組織間の協力・共生を図っていくことに注目したもので、複数の組織の集合体の行動、戦略、構造に注目している（山倉 2012,p.19,pp.47-50）。メイヤーの制度化パースペクティブ（Institutional Environments perspective）は、組織が制度化された組織関係の中に埋めこまれていることを前提とし、国家や専門家団体、同業他者等

が、組織の正当性や行動の妥当性を獲得することをめぐる組織間関係に焦点を当てている（idem,pp.51-53）。組織は組織との関係によって、自らの行動の正当性や妥当性を確認することができるとする。

　さらに、サイデル（Saidel 1989）は、政府と非営利組織間の相互依存関係を読み解く為に、NY 州の行政機関と非営利組織の協働事業から集めたデータを、組織論の力依存と資源依存分析を理論的枠組みとして用いて分析した。彼女は、従来の資源交換の部分のみからみる相互依存関係ではなく、相互依存の起こる公的アリーナの存在を重要視し、既存の資源交換次元に政治的次元と行政的次元を加えることで、新たな相互依存関係性が見えてくると分析した。

　1つ目の「資源交換次元」では、政府から非営利組織へと一方的に提供する資源、非営利組織から政府へと提供する資源、政府と非営利組織が相互に交換している資源に注目する。政府から非営利組織へ一方的に提供される資源としては、委託費や補助金といった税金から出されるお金である。一方、非営利組織から政府へ提供される資源は、実際のサービスである。相互に交換しあう資源として、人員、専門知識と情報、正当性をあげている。

　2つ目の「政治的次元」では、政策過程のすべての段階に渡って政府と非営利組織との間で行われている取引や交渉に注目する。例えば公式な関わりあいとしては、計画過程を通じた提案の依頼やヒアリングの実施、公聴会などでの証言、諮問機関の設立などがある。非公式なものとしては、非営利組織が諮問機関のプロジェクトチームの一員となる、プログラムの実行に関する非営利組織からの専門的フィードバックや、アイディアの交換などがある。したがって、非営利組織独自の機能であるアドボカシー活動は、この次元において極めて重要といえる。政府にとっても、この政治的次元において非営利組織と関わることで、国民からの支持を得やすくなったり、非営利組織にサービス供給を担わせることで、サービスに対する不満を非営利組織に向けさせることもできるのである。

　3つ目の「行政的次元」では、行政が果たすべき責任と、非営利組織によ

る実際のサービス供給活動との間に生まれる関係性に注目している。資源の調達、委託、報告、評価の過程や、日々のやり取りがその構成要素となっている。サイデルはこの次元を特に重要視しているが同時に、賃金、事務処理の要求、契約言語の曖昧さ、管理能力の相違などで問題が発生しやすい。政治的次元は、この行政的次元のあり方によって位置づけられる。

4. 行政学的解釈

　両者が持っている社会的価値観や目標は共通することが多いものの、その形態に関して課題が生じてくる。非営利組織へ業務委託することにより、政府としては、コストを下げて業務を実施することができ、市民のニーズに柔軟に応じたサービスを提供すること、公務員数を増やすことなく実施できる、多様な先駆的なサービスを提供することができるというメリットがある。けれども、非営利組織として、コミュニティの代理人から政府の代理人と意識の変化がでやすくなったり、独立性の喪失や活動目的の碗曲化の発生がみられた。スミス＆リプスキー（1993）も、米国における契約文化の進展に伴い、非営利組織も契約なしでは生き残れなくなってきたと捉えている。そして、従来非営利組織は、コミュニティの問題解決と市民のための福祉国家を代表することという政治的役割を担っていたが、委託によって、NPOがコミュニティから発する基準に従って活動するコミュニティの代理人という立場から、法や公的機関に押しつけられる基準に従って活動する政府の代理人という立場に移行していると指摘する。

　デホッグ（1990）は、委託関係を読み解くスタンダードな「競争モデル（The Competition model）」を分析している。デホッグによると「競争モデル」では、政府自らがいくつものサービス団体からひとつのサービス団体を選ぶことで、最も安価なサービスを手にすることができる市場の原理を利用したモデルであるために、公平かつ強い市場が存在し、資源が豊富な状態にのみ有効に働くと指摘。さらに、取引コストが高くなってしまうので、十分

な組織的資源を必要としたり、政治変動に焦点を置いてしまう官僚的性格が強く働いたり、その委託事業が真に必要とされているものであるか問われず、評価もされず、単に政府が行いたいサービスを断行するものになってしまっていたり、多々難点を含んでいるとする。

　その代わりとして、彼女は、「交渉モデル（The Negotiation model）」と「協力モデル（The Cooperation model）」を登場させている。「交渉モデル」とは、行われるサービスの内容や程度、委託費用について政府と委託先との間で交渉を行うものである。公平で、誠実で、両者にとって利益がある契約を模索するために、交渉という過程が大事であるとされている。しかし、「交渉モデル」は、「競争モデル」よりイコール・フッティングであると述べられているものの、交渉といっても、委託価格、タイプ、事業の範囲は既に行政で決められており、委託業者と話し合うという保障はされていない。また、行政が委託事業を公表し、委託団体の募集を始めるが、その際に委託サービスの全容が明らかにされないことや、一度政府と契約すると正式な競争なしに次回からも自動的にサービス提供を継続することが多い。一方、「協力モデル」は、政府と契約者は比較的平等なパートナーとなれる。両者とも同じ情報を共有するが、アセスメント、計画、サービス提供の方法とレベルの決定などは、委託受託者が、主に取り仕切って進めていく。このモデルでは、両者が協力していくことで、組織面、財政面、政治面、技術面、サービス環境面の不確実性が削減できるという。

5.　社会福祉学的解釈

　英国でのチャリティ活動等の実践から公私関係が分類化されてきている。1869年にはロンドンにて食事配給所や慰問グループなど多様な救済活動を組織化するため「慈善救済組織化および乞食抑制のための協会」が創設され、翌年、慈善組織協会（Charity Organisation Society; COS）と改称された。慈善組織協会の初期の原則によれば、COS は、自助や倹約など貧困者自身

が努力をしているにも関わらず不運、疾病、遺棄、寡婦等により貧困状況にある者を"救済に値する貧民（the deserving poor)"として支援することとされていた。"救済に値する貧民"は民間慈善組織が救済し、"救済に値しない貧民"は救貧法により政府がワークハウスにて救済するという役割分担がされていた。公営社会福祉事業は、機械的、事務的、政党的であり、一方、民営社会福祉事業は、個別援助的、人格感化的、公正であると考えられていた（岡村 1970,p.228)。当時のこの状態をグレイは『平行棒理論（Parallel bars theory)』と表現した。長年、民間社会事業者には、官吏が行う救貧事業の機械的、事務的運営に反感を持つ者があったことから、官吏と民間が行う救済事業を明白に区別し、公営事業が金銭給付事務ケースを扱い、民間事業は自立更生しうるケースを取り扱うという、それぞれが独立性をもって活動していくことが主張された（岡村 1970,p.227)。ネイサン報告ではこの状態を"相互排他の理論"と呼んだ（Johnson 1989,p.170)。公私社会福祉事業の関係の古典的理解として、岡村（1970,p.227）は、２つの潮流に大別してまとめている。１つ目は、民営社会福祉事業万能論である。ローウェル（1883）がまとめているように、公営救貧事業は金銭給付事務を機械的に行うだけなので、効果的な救貧事業を行えるのは、公正な民間の奉仕者によって行われる民間社会福祉事業であるというもの。２つ目は、公私で役割を分担して救済活動を担うとする公私社会福祉事業併行論である。1869年の英国救貧法委員会の覚書の中に、貧民救済を公私で併行分担するという主張が入っており、その後グレイが平行棒理論としてまとめている（ibid)。けれども、国民の最低生活を保障する国家責任の原則が確立されると、平行棒理論は弱くなってしまった。

　その後、1901年の王立救貧法委員会多数派報告では、公的援助は民間の救助よりもやや快くないものであるべきだと述べられ、ウェッブ夫妻は、国家の責任は最低限の生活水準をすべての人びとに提供し、民間組織はナショナルミニマムの上にサービスを提供するものと説明づけ、それを『繰り出し梯子理論（Extention ladder theory)』と表現した（Johnson 1989,p.170)。民

営社会福祉は、安定した活動資金を得ることが困難で、その結果、サービスの確実な継続性や完全性、普遍性を期待することができない。一方、公営社会福祉事業は確実かつ莫大な財と法による強制力を持っているため、国民の最低生活を保障するサービスを負うべきだと論じている（岡村1970,p.230）。したがって、すべての貧民は公営社会福祉事業のサービスを受け、特別の保護等が必要な場合は、民間社会事業のサービスを受けるべき（Johnson 1989,p.170）とされた。また、ウェッブは、民営社会福祉事業の特徴は①発明と創意、②特定のケースに対して十分な保護をあたえること、③強い宗教的感化力、としている（岡村 1970,p.231）。成否のわからない新しい仕事に公金は使えないことや、公営施設のサービスは普遍的であるが、公平性の観点から、サービスは画一的になること、公営施設に特定の宗教を利用できないことをあげ、民営社会福祉事業の意義を示している。

　その後、1934年にスイフトが『多数＝公営、少数＝民営論（Majority-public, Minority-private）』として、地域社会福祉と救済計画における公私施設間の新しい役割についてまとめ、公営社会福祉事業は多数者施設であり、民営社会福祉事業は少数者施設であるとし、それぞれの特徴を次のようにまとめた（岡村 1970,pp.231-232）①社会の大多数者の望むサービスをあたえるとともに、社会の一般的水準からあまり離れたサービスはできない、②すでに社会によって承認されている方法や機能の改善、および政府の権限と財源を必要とするサービスを行う、③政府機関の他の部門の影響をうけて、人事異動や事業方針の変更を伴う、④社会が基本的に解決しえない社会的、経済的不平等を少なくするための公共的機関として機能することである。

　一方、民間社会福祉事業の特徴として、①社会の大多数が、まだ認めていない困窮に対応するサービスをあたえることができ、またそのサービスの方法も、多数者によって知られていないこともありうる、②民営施設の支持者は地域社会の少数派に属する、特別な関心と知識をもつ市民である、③民営施設は社会の多数者がうけいれないサービスをあたえることによって、公営施設の仕事を補うし、また法律や慣習のために公営施設の行いえない仕事を

ひきうけて、その不足を補充する、④民営社会福祉事業の資金は制限されているから、同種の要求をもつすべてのひとに、サービスをあたえることはできない、⑤個々の対象者の取扱いにおいて、民営施設は、経済的条件からおこる問題とは別個の個人的不適応問題を最もよく処理することができるとしている。その特徴は公のできないところを補足し、個別援助を基本とした人格感化的で、公正性があると捉えている。

　オーエン（Johnson 1989,p.171）は、「民間と行政によるサービスの相互排除という古い原則、いわゆる"平行棒"の公式は、すでに"死滅し、非難された"ものであることを疑うものはない。"繰り出し梯子"のたとえも何が起こるのかを示唆するのに失敗している。実際、福祉最前線に立つ多くの部門で純粋な民間機関は消滅し、疾病、貧苦、無知との戦いは、多くの場合、行政と民間の力が緊密に統合化された共同事業となってきている。」とし、最近の民間部門の役割を"福祉ファームにおける若いパートナー"と説明している（Johnson 1989,p.171）。岡村（1970,p.227）も、公私社会福祉事業併行論はそもそも両者がそれぞれの役割分担を全うすることによって成立するものなので、そもそも両者の協同（岡村は"協同"を使用している）が基礎とならざるを得ないものであると異を唱えている。岡村（1970,p.236）は、公私分離としてそれぞれの自立性を尊重している点は評価できるが、不当に両者を引き離して公私に共通する性格を無視していると指摘し、公私協同の原則を前提とし、その上で公私分離の原則があるのではないかと指摘する。特定のバランスが"正当な"ものかどうかを判定するために用いられる明確な基準はない。民間と行政の社会福祉における満足のいく調整の取り決めや、適切な関係に協調すると考えられるものは、時と場所に応じて変化するものであると述べている（岡村 1970,p.235）。

第2節　研究デザイン

1.　本研究の目的と構成

　本研究の目的は、日本の福祉サービス供給における行政とNPOの関係性を明らかにし、両者が対等な関係性を築きながら協働するための必要なパートナーシップ政策の在り方を検討することにある。

　本書は、4章で構成されている。第1章では、まず先行研究の整理から、理論枠組みの構築を行い、研究デザインを行う。第2章では、日本社会の公私関係を把握するために、明治期以降の社会福祉サービス供給における公私関係の変遷を追っていき、現在の公私関係の構造を明らかにする。そして、地方自治体で実施されている協働政策の先駆的事例を整理し、そのうちの一つの自治体での協働関係の実態を明らかにする。第3章では、英国における公私関係の変遷と、ブレア政権で採用されたパートナーシップ政策について明らかにする。最後に、第4章では、本研究のまとめとして、市民社会における行政とNPOが対等な協働関係を構築するための条件を提示する。

2.　社会政策研究

　本研究の方法として、社会政策研究を採る。そこでまずは、社会政策研究について先行研究を行い、本研究の方法論的な位置づけを明確にする。

（1）社会政策研究の概要

　政策とは、「①政治の方策。政略。②政府・政党などの方策ないし施策の方針（新村 1998,p.1466)」、「一般に個人ないし集団が特定の価値（欲求の対象とするモノや状態）を獲得・維持し、増大させるために意図する行動の

案・方針・計画（大森 1981,p.130）」と定義されている。社会政策とは、「資本主義体制を維持してゆくために国家が行う改良的な諸政策。もとは講壇社会主義者などが主唱。工場法・社会保険・労働争議調停・団体交渉権任用・職業紹介・失業救済の類。（新村 1998,p.1232）」と定義されている。エスピン・アンデルセン（＝2005,p.11）は社会政策を、資本主義的な政治経済に、対峙する社会主義の要素を持ち込むことができる〝トロイの木馬″と表現し、福祉政策の戦略的価値は、資本主義における生産力を持続的に高めていくとしている。また、社会政策の意義として、労働者が社会主義的市民として、効果的な社会参加を果たしていくためには、社会的資源、健康、教育が必要であることと、社会政策は労働者を社会的に解放していくために有益であるだけなく、経済的な効率を上昇させる前提となることをミルダールの引用を用いて示し、その一方で社会政策は資本の支配を骨抜きにする体制にとっての異物でもあると述べ、政策は方策を意味するものだが、社会政策となると、資本主義体制内の生産力を維持するための策を意味すると論じている（idem,p.51）。

　社会福祉政策とあえて呼称し定義付けしている者もいる。例えばスピッカー（＝2001,p.84）は、社会福祉政策を「価値判断を含んでいるもので、慈善を行うことをねらいとし、非経済的な目的（最低賃金や最低所得維持基準など）も含み、富者から貧者への資源の再分配である」と定義している。ティトマス（＝1981,pp.27-29）は社会福祉政策の諸機能を検討するために、3つのモデルを構築した。1つ目は、残余的福祉モデル（Residual Welfare Model）。自然的に、個人のニーズが充足される私的市場と家族の機能が崩壊した時のみ、社会福祉制度が一時的に適用されるもの。2つ目は、産業的業績達成モデルで、社会福祉を経済の従属物とみて、功績や労働の業績や生産性に基づいて、社会的ニーズは充足されるという考えの下で、社会福祉制度に重要や役割を付け加えるもの。3つ目は、制度的再分配モデルで、社会福祉は社会にとって重要な制度という考えの下、市場外で普遍的なサービスを提供するもの、としている。

（2）社会政策研究の系譜

　社会保険を例外として、社会政策のほとんどの要素は、独逸に先行して英国において出現しており、社会政策の対象としての社会問題とりわけ労働問題は、英国ではじめて出現している（荒又 1991,p.13）。英国には歴史的に長い間、救貧制度を維持してきた経験があり、これを縮小して再組織した後にも、篤志活動による社会事業が、慈善組織協会（COS）を作り出すほどであった。これらを行政学の拡大領域として研究対象にしようとする傾向がある（idem,p.23）。英国での社会政策の捉え方は、社会政策の本質や範囲を限定しないことが多く、高齢社会、児童保護、コミュニティケア、社会的排除、住宅、教育、行政運営など縦横無尽に福祉増進にかかわる取り組みをテーマとして扱っている（圷 2011,p.2）。ピンカーも、「社会政策論は社会政策の目的を定め、選択するのに影響を与える政治的・道徳的信念の研究や社会サービスが応えようとしている社会的・対人的ニーズの範囲などの研究（＝1983,p.131）」と定義している。

　日本では、19世紀独逸の社会改良主義を信望した社会政策学を、日本の社会政策学会が継承し、特に労働問題とそれに対する中央政府の権力の関与のあり方が、研究対象の中心となっていた（荒又 1991,p.3）。そのため、大河内一男、岸本英太郎、服部英太郎等が展開した社会政策学は、社会政策＝労働問題といえるほど偏りがみられた。特に学会の中で大河内理論が余りに大きい位置を占めていた（idem,p.4）。実際、日本の社会政策学に関する文献では、労働運動、生産力説、社会的総資本、労働力保全、社会保障、資本主義経済の性質、マルクス主義を論じたものが顕著であったように、社会政策を労働政策と密接に結びつけて捉えられてきた。広辞苑の社会政策の定義には、この労働問題的特色のある定義づけがされていることにも納得できる。けれども、稲上（1974,pp.23-27）も述べているように、日本では、社会政策とは総資本による労働力保全であるとする大河内一男の社会政策論の功罪、つまり社会政策学を労働問題研究の固い枠組みから解放することが必要である。日本の特殊性について、圷（2011,p.4, 武川 1999,pp.34-35）は限界を論

じ、現代社会を正しく捉えられていないため、英国的に研究視野を広げることを提唱している。

　そもそも社会政策研究は、法律や審議会の報告文書が社会政策として存在しているのではなく、福祉増進に関わる諸活動の目的、機能、成果を説明したり事実を捉えるための分析に用いられるが、その分析で使われる方法や概念は諸学問のものであるため、場当たり的な研究に映りやすい。英国では社会政策研究の基本コンセプトを自由主義、保守主義、社会民主主義、社会主義といった伝統的視座や、フェミニズム、エコロジズム、アンチ・レイシズムといった現代的視座という視座に分類されながら、社会政策の視点をつくり上げてきている（圷 2011,p. viii）。実際に、社会政策を英国に学びに行った際、ほとんどの大学の社会政策学科は修士課程に設定されていた。つまり、政治学、社会学、経済学等の学問分野を跨いだ複合的研究領域として存在している。

（3）社会政策研究の方法

　社会政策は、複合的な領域に跨っているため、その研究方法も多岐に及ぶ。中でも政策の変遷や動向を把握していくために、歴史的研究は必須である。社会政策はつねに人間社会の歴史の中にあるため、社会政策の本質や必然性を、歴史的研究の中から発見することは、社会政策学の中の不可欠な要素である（荒又 1991,p.11）。けれども、歴史学的研究ではあっても、対象が現代史に近いことが多く、未開拓であることが多いため、歴史学的研究とはいえども、歴史学的には不足しているという指摘もある（ibid）。さらに、現場の状況を正確に理解するために、定量化できないものもデータとして拾い上げることができるという特質を持つ質的研究も意義があると考える。そこで本研究の研究目的を明らかにしていくために、社会政策研究方法として、歴史研究と質的研究、比較社会研究を具体的なアプローチ方法として採用していく。

3.　倫理的配慮

　「上智大学学術研究倫理ガイドライン」及び「ソーシャルポリシー協会の倫理綱領（Social Policy Association Guidelines on Research Ethics）」に基づき行った。

　質的研究では、三重県の関連資料閲覧については、三重県情報公開条例第12条第1項に基づき、公文書開示請求書を三重県児童相談センターと、三重県生活・文化部情報公開室の協力のもとに作成し、許可を得るという手続きを経ている。また、調査対象者から、本研究において組織名及び人物名を挙げることについての承諾を得ている。

第 2 章

日本における
行政と NPO の関係性

第1節　日本の福祉サービス供給における公私関係の変遷

　日本では、明治から現在まで公私がどのような関係性を構築してきたか、その変遷を明らかにしていく。

1. 明治・大正期〔1868（明治1）年〜1912（明治44）年・1912（大正1）年〜1926（大正15）年〕

　明治期には、各地で孤児や不良少年の救済、犯罪者の矯正、貧民救済等を慈善家とよばれる者たちが、救済事業として行っていた。特に明治後半には、民間救済施設が急激に増加していき、慈善事業活動が活発になっていた。1896年に制定された「民法」では、その第33条に、法人法定主義、第34条に非営利・公益の社団または財団で主務官庁の許可が必要な公益法人、第35条に営利社団法人についての規定が盛り込まれた。公益法人には所得税免除を、営利を目的としない法人には、法人資本税と臨時利得税が免除されることとなった。政府の許可を得ることができた団体は、免税措置を受けられるようになり、同時に政府が民間団体の活動を把握及び管理する仕組みが敷かれた。

　1899年頃から内務省の職員有志と監獄の教誨師、出獄人保護事業の慈善活動家有志等が集まって貧民研究会が組織され、貧民の救済、貧困の防止、不良民の矯正等について研究する会ができた（中央社会事業協会 1996,p.5）。貧民研究会は、1903年に庚子会と改名される。外国には慈善事業の連絡・研究の独立機関があるので、日本でもこのような機関を設けたいという流れになり、大阪で開催された全国慈善大会にて、日本慈善同盟会の設立が決定された。その後1908年に中央慈善協会が設立される（idem,pp.6-10）。活動内容として、「一　内外国に於ける慈善救済事業の方法状況及其特質を調査報

告すること、一　慈善団体の統一整善を期し、団体相互の連絡を図ること、一　慈善団体と慈善家との連絡を図ること、一　慈善救済事業を指導奨励し、之に関する行政を翼賛すること」が掲げられていた（ibid）。中央慈善協会は、井上友一等官僚主導で組織化され、同年、内務省第 1 回感化救済事業講習会の委託先確保のために創設された。初代会長は渋沢栄一であり、評議員として原胤昭、生江孝之、山室軍平等が名を連ねた。民間慈善団体の中央組織連合会としてネットワーク機能を有し、会員同士の連絡や、機関誌『慈善』を発刊するなどの著しい活動を行っていき、慈善活動の発展に寄与していった。1909 年に作成された「感化救済事業一覧」では、国から救護費が給付された施設が記載されている。施設救護の規定を満たした施設を、公的救護の施設として国が認可していた。また、設置費として、国が1/2、地方が1/4補助していた。

　大正期に入り1919年に内務省に社会課が設置される。1921年に中央慈善協会は社会事業協会に名称が変更され、1924年には、財団法人中央社会事業協会と変更される。さらに、この時期には、民間助成団体として、原田積善会、財団法人三井報恩会、財団法人服部報公会、恩賜財団慶福会などの財団法人が設立され、多くの社会事業を金銭的に援助していった。また、1921年、宮内省が毎年紀元節に際し、私設社会事業団体に奨励金を出すこととなった（中央社会事業協会 1942,pp.40-43）。

2. 昭和前期〔1926（昭和 1 ）年〜1945（昭和20）年〕

（1）救護法

　1927年に金融恐慌、1929年に世界恐慌、1931年東北農村での大凶作が次々と起こり、不況や都市労働者の劣悪な労働環境の広がりや生活困窮者の増加等があった。私設社会事業施設の経営悪化が広まり、急増する窮民の保護のため、「恤救規則」に替わり、1927年に「救護法」が制定された。「救護法」には、社会事業団体の指導監督の体系が示され、私的の救護施設も法体系に組み入れられた。こうして、民間の救護施設に委託された対象者について

は、その費用のうち2分の1以内が救護費として補助され、これが民間社会事業の収入となるという構図が生まれた。

（2）社会事業法

　この時期、多くの私設の社会事業施設は、社会的不景気のために経営不振となり、施設運営が厳しくなっていた。そこで、全国私設社会事業統制協議会では、経済難打開策が模索され、地方における第三者的機関による共同募金が発案されたり、社会事業デーの提案や、私設社会事業を産業組合法によらしめんとするの案、生産的事業や販売権共同獲得、国庫帰属の郵便貯金利用、官公署の不要物品および廃物の無償下付、社会事業共同購買案、火災保険共同加入案などが提案されていた（谷川 1984,p.546）。また、政府に対して私設団体への助成の要請をし、1931年に「私設社会事業ニ対シ国家補助金下附請願」が提出される。この年、財団法人中央社会事業協会も、全日本私設社会事業連盟と名前を変え、「私設社会事業助成並社会事業統制委員会設立ニ関スル法規ノ制定ニ関スル建議」が行われ、結果、1934年に社会事業国庫助成が増額した。けれども、私設団体運営の貧窮状態は続き、全日本私設社会事業連盟内でも社会事業助成法制定を要望する声が次第に大きくなっていく。1935年に開催された全国社会事業大会で、①社会事業体系の確立と社会事業間の調整、連絡、統制、②社会事業に関する中央管轄行政機関の設置、③社会事業経営に対する資金の確保と助成金制度の確立、充実を求める案が作成された（厚生省 1988）。1936年には、丸山鶴吉を初めとし、「全国私設社会事業協議会」議案の提出や、「社会事業助成法要綱」が作成され、その骨子には、「1）私設社会事業成立精神ヲ確保シ之ガ助長発達ヲ図ル為メニ事業分野ニ共通ナル法律ヲ制定スルコト、2）団体法ハ私設社会事業団体ニ対スル認可並ニ助長制度確立ヲ主眼トスルコト、3）認可ヲ受ケタル団体ニ対シテハ国庫及地方補助ノ道ヲ開キ設備経費ノ支給、諸課税ノ免除、私設社会事業家ノ国家的補償優遇等ヲナスコト（ibid）」が記載された。この年の全国に設置されている施設の経営主体別社会事業数調べ（灘尾

1940,p.113）によると、公立施設は655施設（うち、府県立13箇所、市立343箇所、町立75箇所、村立224箇所）、私立施設は3266箇所（うち、財団法人361箇所、社団法人148箇所、その他2757箇所）であった。

　1937年より日中戦争が始まり、国内の関心も戦争へと集中するようになった。当時内務省保護課長であった灘尾弘吉は、これを逆手にとり、戦争激化の際には、国内でさまざまな社会問題が起きることが予想されるので、そのための対策として、戦争中及び戦後における社会施設の拡充を図る為に、社会立法の整備や、公私の社会事業の発達を図る必要性が緊急的に求められると理屈づけ、法制定に向けて積極的に働きかけた（ibid）。同じ理屈に基づき、1937年には保健所の設置、1938年1月には厚生省の設置がなされていき、1938年に「社会事業法」が立案される。

　「社会事業法」の法律趣旨は、ア）戦時体制下の国民生活、殊に生活不安を緩和すること、イ）従来個人の創意によって行われてきた社会事業に対し、助成、指導、監督を加え、連絡体制の進歩を促すこと、ウ）公私社会事業の機能の適正有効な発揮を図ることであった。第11条では、「政府ハ社会事業ヲ経営スル者ニ対シ予算ノ範囲内ニ於テ補助スルコトヲ得」と規定され、その年には、50万円の助成がなされた。しかし、補助についての明確な規定はなく、免税は地方税に限られた。この助成についての法律規定に比べると、監督については罰則規定も含めて詳細に規定されており、国内の社会事業を国家の管理下に入れることに「社会事業法」のねらいがあったとも読める。谷川（1984,p.579）は、「民間事業の集権的見解は、該法が期待されるような助成法規であるよりは、むしろ荷酷にちかい罰則ならびに取締規定を中枢するものであるとの見解に帰着する」と述べている。池本（2009）も、私設団体の公的支援を求める運動を梃子にしながら国の指導・監督部分を強化して法制化が進められたと、帝国議会の審議を引き合いに出しながら結論づけている[1]。こうして、不景気という時期に、政府が私団体を厳しく指導・監督する替わりに助成するという関係が造りあげられていく。その後、全国私設社会事業統制協議会は、「社会事業法」が規程する社会事業団体の

政府による認可方式に反対する者と賛成するものとに分かれ、内部混乱に陥っていく。

（3）日本社会事業新体制要綱

戦争の影響により、社会事業は前線の銃後の厚生対策とみなされるようになり、その名称も国民厚生事業になる。国民厚生事業の目的は、高度国防国家の建設に傾倒し、「日本社会事業新体制要綱」理念では、慈恵的性格を埋め込まず、大政翼賛の理念の下に、全国民の人的資質の保持培養を目標とするとしていた。第八に、「三、民間私設厚生事業は原則として之を認めず、設置するものに付いては在来の如き自由主義的、恣意的なる施設の配置並に経営を認めず、各種施設は何も其の目的、方針、方法及び規格等一切国家及至は地区府県の最高方針に準拠し、革新体制に即応して実施せられねばならぬ。四、官公営事業は在来の官僚仕儀的悪弊を排除し、民間厚生事業の精神と技術に於ける優秀性を確保し、国民組織の進展に即応して真に国民厚生の実を挙げる様努力すべきである。（日本社会事業協会研究会 1940,p.27)」と記載されている。これに伴い、国家権力による民間施設の統制が始まり、国民厚生事業統制事務局（仮称）を設け、事業施設の調整、企画、運営の統合を成す。また、既存の助成団体が解体され、中央国民厚生事業金庫（仮称）、地方国民厚生事業金庫（仮称）が、大政翼賛会の厚生事業部の指示の下、統制される。

3. 占領期〔1945（昭和20）年～1952（昭和27）年〕

（1）GHQ と日本政府の描いた公私関係ビジョンの相違

GHQ の目的は、日本の軍国主義を根絶し、民主主義に変えていくことだった。そのためにも、公私関係は重要な改革要因のひとつであった。GHQ が当時描いていた、社会福祉事業における公私関係は、公が無差別平等に国民の最低限の生活を保障し、私がプラスアルファのサービスを展開し

ていくというビジョンが明確であった。これは、ウェッブ夫妻が論じていた
『繰り出し梯子理論（Extension Ladder Theory）』[2]がベースになっている
と見られる。公が無差別平等に最低生活の保障を維持し、私が開発的な活動
を行っていくという、明確に役割分担された 2 階建て方式である。この方式
にした理由は、PHW の大佐であったサムスの回顧録（社会福祉研究所
1979,pp.214-215）に示されている[3]。

　1 点目は、再び日本が軍事国家に戻ってしまわないよう、政府と民間の癒
着を防ぎ（済世会など恩賜系団体等）、完全なる分離を目指す必要があった
ことである。日本は世界大戦中、大政翼賛会や軍事援護会といった官民一体
の外郭団体を設置し、社会事業を行っていた。そこで、民間の独立性を確保
し、公の支配・関与を払拭するため、明確な公私の役割分担を示したのであ
る。2 点目は、米国の先例から、民間団体への政府資金の補助は、無駄が多
く腐敗に繋がりやすくなってしまうため、公費濫用を予防する仕組みにする
必要があったことである。3 点目は、民間団体に大きな期待を寄せていたこ
とである。サムスは、民間福祉団体は、福祉活動にて、新しい分野の開発・
掘り起こしのできるパイオニア的存在であると認識していた。そこで、今後
自主的にユニークな活動を展開し、公が整備する基礎的サービスに厚みと幅
をつける役割をすると考えられていた。

　ちなみに、アメリカ家族福祉協会の一委員会（The Commitee on Current
and Future Planning of the Family Welfare Association of America）が、
1945年に示した公私関係は次のようなものだった。

「1．基本的な生活質料に関する救済は、公営社会福祉施設の責任である。
　　このような基本的生活質料の救済を、民営社会福祉施設にひきうけさせ
　　ようとする圧力に対して、民間施設は抵抗しなければならない。
　2．租税による資金は、専ら公営社会福祉施設によって使われねばならな
　　い。従って民営社会福祉施設は、（公営施設の行うべき）救済事業の一部
　　をひきうけることを条件として交付される租税からの補助金をうけるべ
　　きではない。

3．各州の行う一般的扶助の対象者は、連邦救済事業の対象として追加されるべきである。

4．各地域社会にある民営社会福祉事業施設は、各地方政府福祉部のサービスおよび職員の水準向上に対して、能うかぎり強い支持をあたえねばならない。

5．各地域社会にある民営社会福祉事業施設は、連邦政府の計画する適切な社会保障制度に対して支持をあたえねばならない。（岡村1970,pp.232-233)」。当時アメリカ本土で媒介されていた公私関係のあり方に関するビジョンといえよう。

1946年2月27日に出された、SCAPIN775「社会救済（Public Assistance）」[4]では、いわゆる公的扶助において、日本政府が財政的支援と運営の責任をとることが謳われ、いかなる民間や準政府機関に委任してはならないと決められた。GHQ がなぜこの指令を下したかということは、先に述べた GHQ が抱いていた公私関係論に起因していると思われる。ナショナルミニマムのサービスを公が担わなければ、描いた公私関係ビジョンは実現できない。したがって、国民を無差別平等に最低生活の保障をすることは公の役割だという観念を徹底的に植えつける必要があった。決して民間団体を否定するものではなく、政府が責任を放棄することを否定したのである。さらに、北場（2006,p.59）によると、軍人優遇主義を最も確実に排除できる方法は、GHQ が直接にコントロールできる日本政府に救済実施の責任を負わせ、公的責任を強調することであったという。なぜなら、国家が国民の最低生活補償の責任を持つということは、国民が国家に対して最低生活補償を要求する権利をもっているということであり、国民主権を土台とした民主主義国家に仕上げるために適切な対応とみられていたと考える。その後、この基本原則をベースに、諸救済政策が整備されていった。

SCAPIN775が出されたことを受け、日本政府は、CLO1484「救済福祉ニ関スル件」を提出する。「新ニ有力ナル民間援護団体ヲ設立スベク急速ニ之ガ準備ヲ進メツツアリ、然シテウ団体ノ設立ニ当リテハ既存ノ戦災援護会・

海外同胞援護会・軍人援護会等ノ各種団体ヲ整理統合スルモノトス…」と書かれ、つまり新たに有力なる民間団体を設立すると謳い、1946年 1 月22日に恩賜財団同胞援護会（Association of Relief for the Nationals Foundation bestowed by His Majesty）設立についての具体的な提案を行った。母体は、以前から存在していた戦災援護会と軍事援護会を主に合体させたものであった。

　けれども GHQ は、解散予定であった両団体は、莫大な資金や、経済界からの寄付金や助成金、また多岐に渡る事業と施設を保有している団体の事実から政府の責任回避とみなし、反対した。そしてなにより、恩寵財団同胞援護会と軍事関係者とが繋がってしまう可能性がぬぐいきれなかったため、同胞援護会設立構想を頑なに否定した。しかし日本政府は、同胞援護会を1946年 3 月13日に設立する。

　菅沼（2005,p.125）は、日本政府は PHW が要求した“単一の政府機関”という意味を取り違えて理解し、恩賜金によって新しい救済団体を作ることを意図していたと指摘する。つまり、日本は戦時中と同じ官民一体や挙国一致型で体制を整えることに、何の抵抗もなく、当然の感でこの提案を行っているのに対して、GHQ は旧来の体制を引き継ごうとしている日本政府に言語道断で反対している。日本と GHQ との間で、公私関係の考え方について齟齬をきたしていたことがわかる。

（2）日本国憲法第25条と第89条

　1945年に GHQ が明治憲法の改正を求めたため、松本烝治をはじめとした委員会によって憲法案が1946年 1 月に作成された。しかし GHQ は民主主義国家建設のため、更なる改正が必要であると、GHQ が作成したマッカーサー草案を起草して、日本政府に提示した。日本政府はマッカーサー草案を基に、憲法草案を起草し直し、3 月 6 日に発表し、1946年11月 3 日に公布、翌1947年 5 月 3 日に施行した。有名な条項のひとつである第25条では、「すべて国民は健康で文化的な最低限度の生活を営む権利を有する。②国は、す

べての生活部面について、社会福祉、社会保障及び公衆衛生の向上及び増進に努めなければならない。」と謳われ、国民の生存権の保障と、国民の福祉・社会保障・公衆衛生の向上や増進に国は努力しなければならないとされた。また、公私関係を示した第89条では、「公金その他の公の財産は、宗教上の組織若しくは団体の使用、便益若しくは維持のため、又は公の支配に属しない慈善、教育若しくは博愛の事業に対し、これを支出し、又はその利用に供してはならない。」と定められた。サムスの記述からも [5]、GHQの公私関係観は、自国の失敗を踏まえて、敢えて公の民間補助を禁止したことがわかる。一方、日本政府にとってこの第89条は衝撃的な条文であり、提示された公私関係のビジョンに戸惑ってしまう。まず、それまで官民一体となって行うことが当然だった日本の社会事業のあり方が否定されていること、そして、終戦後の混乱と荒廃が続く中で、社会事業施設も資源の窮乏などから、運営の危機に瀕している状態にあったことである。

　憲法案が懸案されている段階、1946年5月25日に会議があり、「日本政府は、下記の場合（民間団体が政府の財政的援助を受けられるのは、政府が行うべき非常救援を代行した場合にその払い戻しを受ける場合に限られると、措置委託の支弁を容認した）を除いてはボランタリー・エージェンシーズ（民間団体）に財政上の援助をしてはいけない…ボランタリーエージェンシーズは政府から特別準備金の総額一時払の補助を受けるべきでない（社会福祉研究所 1979,p.284)」と決められた。この一時払いは、Lump sum subsidies（つかみ金）のことで、禁止されている。その代わり、パーヘッド（頭割り）で、平均1人あたりの委託費を計算して捻出するのは認められている。葛西（ibid）は、「日本では昔から"金一封"という思想があってね、戦前から社会事業法で民間社会事業につかみ金を出していた。」と述べているように、日本にとっては、『つかみ金』は慣れ親しんだ方法であったが、今回の取り決めで社会事業に公金の援助ができなくなってしまった。

　これはつまり、社会事業施設の経営は即刻停止せざるを得なくなり、多くの弱っている者たちが施設から放り出されてしまうということを意味してい

た。当時社会局長であった葛西も憲法89条の規定を知り、すぐに行動を起こした。「あのころ、それが新聞に出たのをみて、これは困ると思った。そこで潮恵之輔さんが枢密院で憲法の審査委員長をしておられたので、『困るのです』といったら『そうなんだよ、しかし、いまこれをいかんといっても、どうこうできる事態ではないのだ』といわれた。それで、英語の案文をもってきて『これは君、ノット・アンダー・ザ・コントロール・オブ・ザ・ステートと書いてあるのだからアンダー・ザ・コントロールにすればいいのではないか』という議論になった」（社会福祉研究所1979,pp.283-284）と、経緯を述べている。

　そして、1946年10月30日、PHW は厚生省との会議において、同胞援護会に関する会議で確認されたことを、生活保護関連の制度において適切に適用し、日本政府の政策の一部を修正するように求めた。その中身は 4 点にまとめられ、①生活保護法施行令第14条で認めた施設・保護施設に対する設備費について、当該施設の創設・再興の場合については補助することが禁止された。②私的社会事業団体に対する補助は、他の公設社会事業団体がないか、あっても役に立たないとき、または困窮者の救済に適用できるほかの私設社会事業団体がないときであって、克、その地方の困窮者に対してそれが最も経済的で実行しやすいと認められるときに限って認められるとされた。③上記の条件は1946年 4 月30日に遡って適用され、之に違反するものは、GHQ の特別許可があった場合を除いて、直ちに中止されるべきだとされた。④厚生大臣は都道府県に対し、以上の政策の解釈を明らかにするよう通知し、この政策に反する通知は廃止するものとされた（児童福祉法研究会編1978,pp.377-378）。

　こうして PHW は、未だ不明瞭だった公私の関係性を、徹底的に分離した。従来の社会事業法により補助を受けていた団体も、1947年に憲法公布を受け、その89条に従い、1946年 4 月に遡って、10月30日の覚え書きで承認されていた限定的な民間社会福祉団体に対する補助金の支出も禁止されることとなった。「社会事業法」は改正されていなかったが、憲法公布により、い

わゆる1938年の「社会事業法」の効力がなくなった。

（3）民間社会事業

　戦後の私設社会事業は経営維持困難に陥っていた。戦争前、戦時中も、私設社会事業団体の経営は苦しかった。事業収入、寄付金の消滅、官公私団体よりの補助金・助成金は、社会事業法による政府からの助成金は、経営費の２割以内外を補填する程度のものばかりで、会費・会員拠出金といえば、経営者の個人的縁故に頼っており、事業そのものの理念に賛同し、援助してもらうことはほぼなかった。終戦後は、財団法人日本社会事業協会の調査（社会事業研究所 1995,p.6）によると、戦災又は建物疎開によるもの178箇所、その内継続し事業を実施中のもの47箇所、休止したもの93箇所、廃止34箇所、不明４箇所で、戦災又は建物疎開によらざるもの217箇所、内継続173箇所、休止13箇所、廃止31箇所とでており、合計395施設の中で、220施設が継続し、106施設が休止、65施設が廃止、４施設が不明であった。羅災した施設はほとんどその復旧計画はたたずに、経営者は羅災後、生産関係の工場に勤務するものが多くいた状態であった。寄付金は断たれ、金融緊急措置令による資金の封鎖が行われていた。打開策としては、生活保護や児童福祉法の委託保護を受けること、経営費赤字補填のための共同募金運動活動の全国的展開、施設の整備及び運営に関する最低基準の設定による認可制の実施等が考えられていた。当時の私設社会事業の現状について、私設社会事業の当時の状況や将来の行く末などについての想いを何人かの事業家や研究者が綴っている（社会事業研究所 1948,pp.27-42）。

（4）社会福祉事業法

　1948年３月にGHQは日本政府に、「社会事業法」が死文化されたため、新しい「社会事業法」を作り、社会事業の整備と組織的発展を図れという指令を出した。さらに、1949年８月に発表された「シャウプ勧告」がまとめた「日本税制報告書」により、従来非課税であった公益法人の収益事業に課税

（事業経営の準則）

第 5 条　国、地方公共団体、社会福祉法人その他社会福祉事業を経営する者は、左の各号に掲げるところに従い、それぞれの責任を明確ならしめなければならない。

　一　国及び地方公共団体は、法律により帰せられたその責任を他の社会福祉事業を経営する者に転嫁し、又はこれらの者の財政的援助を求めないこと。

　二　国及び地方公共団体は、他の社会福祉事業を経営する者に対し、その自主性を重んじ、不当な関与を行わないこと。

　三　社会福祉事業を経営する者は、不当に国及び地方公共団体の財政的、管理的援助を仰がないこと。

2　前項第一号の規定は、国又は地方公共団体が、その経営する社会福祉事業について、要援護者等に関する収容その他の措置を他の社会福祉事業を経営する者に委託することを妨げるものではない。

囲み 2 － 1：社会福祉事業法第 5 条

することが勧告された。木村の日記（社会福祉研究会1980,p.492）によると、「(1949年 9 月30日) 9-21Mrkuson, Koyama「Shaup Mission ニツイテ」〇原則ハ公ノ施設ハ私ニ委託シナイ・委託スル場合ハ相手方ノ監督要件　監督ガ経理又ハ内容ニ付テ最低基準ヲ設ケルコト　民間施設ノ補助ハ現在中ニ入ッテイル人ニ保護ニ要スルモノ以外ニハ出サヌトイフ取極メヲスルニハ如何ナル手続ヲ要スルヤ近クソウイウコトニナルデアラウ」。また、占領解除に向けての総仕上げを目的として招集された、PHW と厚生省との会議において、1949年11月29日に「1950年度において達成すべき厚生省主要目標」が話し合われ、黒木がその会議の概要を 6 項目にまとめたことから、通称 6 項目提案がされた。①厚生行政地区組織の確立、②市の厚生行政の再組織、③厚生省が行う助言的措置および実施事務、④公私社会事業の責任と分野の明確化、⑤社会福祉協議会の設置、⑥有給専門吏員に対する現任訓練の実施。その提案を受け、1950年 1 月25日に「社会事業基本法要綱」が作成され、1951年 3 月29日に「社会福祉事業法」は制定された。

　「社会福祉事業法」では、社会福祉全般に共通する基本項目が定められ、

第２条において、社会福祉事業が第１種社会福祉事業と第２種社会福祉事業に分類された。第１種社会福祉事業は、利用者への影響が大きい為、経営安定を通じた利用者の保護の必要性が高い事業とし、国、地方公共団体、社会福祉法人のみがそれらを経営できると限定した。ここではじめて社会福祉法人の法律規定が行われる。第２種社会福祉事業とは、比較的利用者への影響が少なく、公的規制の必要性が低い事業をさし、その経営主体は制限がつけられていない。また、公私関係は、以下のように設定されている。

　第５条（囲み２－１）では、GHQ の唱えた公私関係論の①責任転換等の禁止、②民間社会福祉事業の自主性の尊重、③民間社会福祉事業の独立性の維持がきっちりと反映された規定となっている。民間社会福祉事業がサービスや金銭面においても、行政から独立すること、民間独自の自主性や個性的な活動が保障されていることが明記されたのである。そして行政の責任とされていた事業を、社団法人、財団法人、学校法人、宗教法人、医療法人、更生保護法人、社会福祉法人に委託し、委託費を支払うことは公の責任転嫁にあたらないとされた。こうして、戦後の社会福祉の根幹をなす「社会福祉事業法」が制定されたわけだが、星野（1995,p.25）は、第２条の制限列挙内の認可制社会福祉法人の明記、第５条の措置委託制度についての明記、第56条の国庫補助金制度により、第一段階の公の支配が整備されたと述べている。そして、GHQ から公私分離政策を投げられた当時、木村は①公の仕事、②法制による社会事業、③民間社会事業（Private Social Service）、④任意の社会事業（Voluntary Social Service）、⑤半公半私の社会事業に区分して捉えていたが、社会福祉事業法第２条が制定され、社会事業主体の制限列挙がなされると、④は公の支配に属さない事業として、社会福祉事業外とみなされてしまうようになったと述べている（社会福祉研究所 1980）。したがって、規定外の領域で活動していた事業は、重症心身障害児施設、有料老人ホーム、シルバーサービス、無認可保育所などと法定『非』社会事業と呼ばれるようになっていく。

（5）社会福祉法人創設

　社会福祉法人は、厚生省管轄の法人で、公益法人に対する形で創設された。社会福祉法人制度については、1950年 1 月25日に「社会事業基本法要綱」にて初めて規定されている。公益法人と同様、事業収入は原則として社会福祉事業にのみ充てられ、配当や収益事業に支弁できないとされている。公的資金の補助は、施設整備に対し、国がその 2 分の 1 を、地方公共団体が 4 分の 1 を補助している。また、社会福祉事業の公益性に鑑み、法人税、固定資産税、寄附等について税制上の優遇措置が講じられている。その一方で、社会福祉法人については、規制と監督も行われ、安定的な事業の実施が目指されている。社会福祉法人の設立の際には、必要な資産の保有や法人の組織運営等に関して一定の要件を課したり、運営費の支出対象経費、繰り入れ等に関する規制が行われている。社会福祉法人の創設の理由は多くの論文で取り上げられている。主なものをまとめてみると、その第 1 点目として、当時困窮していた民間の社会福祉事業団体の財政的援助を行うためであったことがあげられる。戦争によってダメージを被った全国の社会福祉系の団体は、窮乏を極めていた。国民を助ける為、何とかして援助したいが、憲法第89条に抵触してしまうことはできなかったため、この民間社会事業を助けるための補助金を充てられる社会福祉法人制度を創設した。黒木（熊沢 2002,p.103）は、「公の支配に属する要件を社会福祉法人の認可条件に入れておけば憲法第89条の違反にはならない。将来必ず補助金なり公金の利用が可能になる」と発言したという。こうして、GHQ の公私分離政策の網目を潜り、民間存続のために考えられた策が社会福祉法人制度の設立である。

　第 2 点目に、社会的信頼を獲得するためであった。当時官僚だった木村忠二郎や小山進次郎は、社会福祉法人制度が作られた理由として、社会的信頼を得る為だったと説明している。確かに、それまでの民間社会事業は、民法第34条の「公益に関する社団又は財団で営利を目的としないもの」という規定に則って、社団法人と財団法人として運営されてきた。社会事業団体は、寄附を集めたり、収益事業を行い、団体の目的のためにその収益に充てると

いう方式で運営してきた。しかしその収益事業に比重が移行し、授産事件などの経営不透明な事件が取りざたされるとともに、社会での法人に対する信用も失墜していった。そのような中、社会福祉事業を盛り立てていく為には、新しい社会福祉法人の創設が必要であったといえる。

　第3点目に、1949年のシャウプ勧告で、公益法人に対する非課税のあり方を再検討する旨が言い渡されていたため、公益法人の中でも、収益事業を行っているところも多く、非課税法人の収益事業からでる所得に法人税を課するべきと勧告された。こうして、公益法人の収益事業に通常の法人と同額の法人税が課せられるようになった。しかし、社会福祉法人は、公益法人の収益事業に対する課税を回避するために作られたのであって、公私分離のためであれば、社会福祉法人を新たに創設せずとも、既存の公益法人でもよかったのではないかと北場（2006,p.195）の見解もある。こうして、GHQが描いていた公私関係図とは異なる公私関係ができあがってしまった。

（6）助成団体

　既に、佐賀県や福井県では募金運動の計画が進められていた[6]。そこで厚生省は、5月に同胞援護運動から発展した国民たすけあい運動の一環として共同募金を実施することを決め、共同募金運動実施に関する要綱案が作成された。1947年8月に社会事業共同募金中央委員会が発足し、「共同募金『コミュニティ・チェスト』運動実施要綱」が決定された。コミュニティ・チェストの頭文字CCを模ったマークや、ポスター・チラシ・マスコミ等の広報媒体に働きかけ、運動の機運が作り上げられていった。サムス（社会福祉研究所 1979,p.215）も述べているように[7]、GHQとしても窮地に追い込まれた社会事業団体の援助策を立てなければならなかった。サムスは、1947年に本土からフラナガン神父を招き、神父の口からも共同募金の創設を訴えたことから、創設に向けて動きだす。Tatara（1975,p.148）は、「日本の共同募金運動を最初に展開したのは、市民が自発的に社会福祉に関心を抱いたからではなく、進歩的な厚生官僚であった黒木利克がアメリカをモデルとして

導入したのである」、と述べている(8)。

　こうして、8 月 6 日には社会事業共同募金中央委員会が誕生し、「共同募金『コミュニティチェスト』運動実施要綱」が決定された。1947年度の全国目標額 6 億7820万円に対し、5 億8955万4438円 9 銭集まったという。その配分は、施設に32.5％、団体に22.5％、海外援護に16.3％、募金経費に13.8％などに配分された。1949年 9 月に GHQ 公衆衛生福祉局福祉課のネフ課長が「共同募金 9 原則」を記者会見で発表した。ネフは、厚生省に対し、共同募金を国民の手に戻すように指示した。GHQ の公私関係理想図では、私団体を助成するのは、同じ私団体の助成団体でなければならなかった。

　その後、社会事業を支える助成団体が続々と創設された。日本郵便株式会社では、国民の福祉の増進を図ることを目的として、1949年からお年玉付き郵便はがきを発行し始めた。「お年玉付き郵便はがき等に関する法律」に基づいて10の分配事業に配分されている。また、同年、社会福祉事業振興法が公布され、社会福祉事業振興会が設立された。民間社会福祉事業の振興を図るため、資金の融資を行ったり、経営資金を融通し、助成している。1952年には日本自転車振興会、1954年には日本中央競馬会、1962年には日本船舶振興会が設立され、公営競技の売上金の一定割合を民間社会福祉事業の支援に充てられるしくみが構築された。こうして共同募金以外の助成団体が次々と創設された。

4. 昭和中・後期〔1952（昭和27）年〜1989（昭和64）年〕

(1) 団体委任事務

　1970年代あたりから、国民の生活水準も向上し、その経済的な潤いに乗じて社会福祉施設の整備が急速に進められていった。まず、職員の待遇改善と経営費改善のために、11月に「社会福祉施設の緊急整備について」答申がだされる。1970年に「社会福祉施設緊急整備 5 ヵ年計画」が発表され、老人福祉施設18万3100人、重度身体障害者施設 1 万9050人、心身障害児施設15万

5268人、保育所162万5000人、その他1万740人の定員がめざされ、所有整備
費に3,510億円が見込まれた。しかし、1973年に発生した第一次オイルショッ
クにより、世の中が不景気へと転じていったにも関わらず、政府は変わらず
施設設置へ税金を投入し続けたことで、"バラマキ福祉"との批判が強まっ
ていく。さらには、急速な人口の高齢化、国民意識の多様化、家族形態の変
化、人口の都市への集中化、所得水準の向上などと、大きく変化してしまっ
た日本社会に、既存の制度が適応できなくなってきていたことから、1981年
に土光敏夫[9]を会長とする第二次臨時行政調査会が設置される。その基本
答申では、地方への分権化の重視や画一的な行政スタイルから地域や部門の
実績に応じた多様性とゆとりを認める行政スタイルへの移行や、住民に身近
な行政はできる限り住民に身近な地方公共団体において処理するという分権
化を推す理念が示された。けれども柳原（1983）は、分権原則を承認しなが
らも、実際は国と地方との間の相互信頼と協力関係を確立し、国全体として
の総合性を確保することが重要であるとしており、本筋としては中央集権的
思想が一貫して流れていると論じている。また、施設という箱物福祉から在
宅福祉へ変えるべきだとの論調も高まっていた。平均寿命の伸びや高齢者の
増加に伴い、介護者とされてきた家族からその限界が訴えられたり、ノーマ
ライゼーションの理念の浸透から、住み慣れた地域でケアを受けられる在宅
福祉への要求が高まっていた。

　1981年12月10日の中央社会福祉審議会「当面の在宅老人福祉対策のあり方
について」の意見具申がだされ、地域住民やボランティア等を組み込んだ福
祉供給システムを形成し、必要な福祉サービスをいつでも供給できる体制の
整備や居宅処遇の原則が示唆されたり、委託先として新に老人ホームを経営
する社会福祉法人・福祉活動団体等にも委託できるようになることが盛り込
まれた。鈴木善幸首相の"増税なき財政再建"を履行するために審議が重ね
られ、財政再建と行政改革の提案が行われる。そして、補助金削減も答申さ
れ、政府は補助・負担率が2分の1を超える補助金・負担金41件の補助・負
担率の一割削減が1985年度に実施された。中曽根内閣は、この補助金削減策

は、1985年度のみの対応策と説明したが、大蔵省は財政難を理由に、次年度への継続を主張し始めた。そこで補助金問題検討会が設けられ、大蔵大臣、自治大臣、厚生大臣の間に覚え書きが交わされ、機関委任事務から団体委任事務[(10)]へ移行することで落ち着く。1986年の「地方公共団体の執行機関が国の機関として行う事務の整理及び合理化に関する法律」により、社会福祉施設入所措置が機関委任事務から団体委任事務に改められることになった。財政負担は、「国の補助金等の臨時特例等に関する法律」による従来の国の補助率は 8 割から 5 割に引き下げられ、交付税交付金が始まる。こうして、生活保護事務以外の領域で、国の中央集権的行政が大きく変化した。これにより、身体障害者福祉法、老人福祉法、児童福祉法、精神薄弱者福祉法の中の17項目が団体委任事務に変わる。

（2）民間活用

　1981年10月から1983年 3 月に行われた 5 次に渡る答申中に、"民間の活用" という表現が繰り返し用いられる。例えば、1985年 1 月に、社会保障制度審議会の建議「老人福祉のあり方について」内ではその理由として、「民間企業は、公的に提供されるサービスに比べて、老人のニードにより適したサービスが安価に提供される可能性が大きいとして、第三セクターによるサービス供給等の多様な方式を検討していく必要性がでている。」と、企業によるサービス提供への活性化への期待が書かれており、1985年 2 月の民間活用推進方策研究会が、「民間活用の発揮推進のための行政改革の在り方」を報告する。1987年「昭和61年版厚生白書―未知への挑戦―明るい長寿社会をめざして―」では、「保健・医療・福祉分野におけるサービスの供給主体として公的部門が財源・マンパワーを排出することの限界から、ニードの多様化・拡大化により、画一的なサービスになりやすい公的部門より民間部門が担うほうがメリットを有している」と、行政機関の限界と、サービスの多様化の必要性から、民間部門参入の必要性が示唆されている。ここで言われている民間とは、企業のことを指し、今までの公私関係では登場してこな

かった新たな福祉サービスを担うアクターである。

（3） 福祉関係 3 審議会合同企画分科会

　厚生省内でも、従来の社会福祉事業体制改変の必要性が認識され始め、1981年に社会福祉施設改善検討委員会による、「社会福祉施設の運営をめぐる諸問題についての意見」がまとめられる。この議論の中で、措置制度の持つ意味は、最低限度の生活を保障する国の責務を遂行することと、入所を要する者の数が私設の入所定員に比べ多い場合に、入所の優先順位等の判断を公の責任で行うことにあるとされた。しかし施設の役割が変化し、利用の場として認識される施設があることから、要援護者と施設経営者との契約による入所と考えるほうが妥当な場合があることも確認された。そして、1986年1月に厚生省の福祉改革戦略の検討の場として、中央社会福祉審議会企画分科会と、身体障害者福祉審議会企画分科会と、中央児童福祉審議会企画分科会小委員会から成る福祉関係 3 審議会合同企画分科会が結成される。合同企画分科会では、緊急に対応が求められる項目についての審議や提言がなされ、1986年1月30日には「社会福祉施設への入所事務等の団体委任事務化について」の審議、1987年3月23日「福祉関係者の資格制度について」の意見具申、1987年12月7日「今後のシルバーサービスのあり方について」の意見具申、「社会福祉施設（入所施設）における費用徴収基準の当面のあり方について」の意見具申が行われた。そしてそれぞれ、1986年12月26日に「地方公共団体の執行機関が国の機関として行う事務の整理及び合理化に関する法律」、1987年3月23日には、「社会福祉士及び介護福祉士法」、1988年5月17日には「社会福祉・医療事業団法の一部を改正する法律」として法定化された。1989年3月30日には、3年間の審議の集約として、福祉関係 3 審議会合同企画分科会の最終意見具申「今後の社会福祉のあり方について―健やかな長寿・福祉社会を実現するための提言―」[11]が出される。ノーマライゼーションの理念の浸透、福祉サービスの一般化・普遍化、施策の総合化・体系化の促進、サービス利用者の選択の幅の拡大等が留意され、①市町村の役割

重視、②在宅福祉の充実、③民間福祉サービスの健全育成、④福祉と保健・医療の連携強化・総合化、⑤福祉の担い手の養成と確保、⑥サービスの総合化・効率化を推進するための福祉情報提供体制の整備が主軸の考え方として置かれた（厚生省 1989）。公私関係は、近年のシルバーサービスなど民間事業者による多様なサービスの供給が行われていることに鑑み、民間事業者が独自のアイディアを生かし、多様な形態で活動できるよう、社会福祉事業法の対象として新たな規制を課することなく、行政指導と民間事業者による自主規制方式により対応をするべきであると記されている（ibid）。そして、多様な福祉サービスを展開するための福祉サービス供給主体の育成として、以下の 3 点から説明されている。一点目は、公的サービスの充実と民間事業者の健全育成：公的に確保すべきサービスについては一層その充実を図る。一方、民間事業者により提供されるサービスについては、行政指導と相まって民間事業者自身による自主規制を求めるとともに、公的な政策融資等を一層充実することによりその健全な育成を図る。

　二点目は、行政関与型サービスの公益法人化：民間部門で提供されるサービスのうち、地方公共団体が積極的に関与して設立されたサービス供給主体によるもの（行政関与型サービス、公民の協働による第三セクター方式のサービス）は、地域の特性に応じた創造的な供給体制の確立といった面において評価できるものであり、一定の要件の下で公益法人化を図ることが考えられる。

　三点目は、非営利民間団体によるサービス援助のための民間資金の有効活用：行政非関与の非営利民間団体により提供されるサービス（地域におけるボランティア団体等による相互扶助的なサービス）は住民の福祉需要に的確に対応するための選択肢の一つとして位置づけ、側面的な援助の方策として共同募金の配分金等の民間資金を有効に活用することも考えられる。

　1991 年度の厚生白書のはじまりのあいさつの中では、高齢社会の到来について、高齢者自身の“自立と参加”がキーワードとなり、多くの人が、高齢社会における保健医療・福祉需要に対して、自分のペースで気軽に参加して

いけるようになることが重要だと記載されている（厚生省 1992a）。第3章の民間サービスの章では、福祉関係三審議会合同企画分科会で話し合われた公私関係をベースに、「公的なサービスは、公平であることや定型的であることが特徴とされているが、国民の多様な需要に応えて選択肢を増やし、保健医療・福祉サービスが厚みを持ったものとなるためには、今後、民間サービスの存在が大きく、また重要なものになっていくと考えられる」と記載されている（ibid）。しかし、ここでの民間サービスは、在宅介護サービス、有料老人ホームを提供するシルバーサービスをはじめ、フィットネス施設等の健康増進施設の設置、運営等を行う健康増進関連サービス、医療機関の委託を受けて給食サービス等を実施する医療関連サービス等の振興、と高齢者向けのサービスが列挙されてあり、民間サービスの対象が、極めて限定的なものであるとみることができる。

5. 平成期〔1989（平成1）年～2019（平成31）年〕

（1）社会福祉関係8法改正

　1989年12月「高齢者保健福祉推進10ヵ年戦略（ゴールドプラン）」が、厚生省、大蔵省、自治省により策定された。本格的な高齢社会の到来を目前に控え、住民に最も身近な市町村で、高齢者の在宅福祉サービスと施設福祉サービスが提供されるよう、体制作りを進めることが目的とされ、その財源は、1989年に導入される消費税を見越して計算された(12)。具体的には在宅福祉サービスや施設福祉サービスの市町村への一元化や、市町村及び都道府県老人保健福祉計画の策定の義務付け等がなされていった。そして、1990年に社会福祉関係8法(13)（「社会福祉事業法」、「老人福祉法」、「身体障害者福祉法」、「精神薄弱者福祉法」、「児童福祉法」、「母子及び寡婦福祉法」、「老人保健法」、「社会福祉・医療事業団法」）が改正された。1992年6月には、「社会福祉事業法」第3条の理念が改正された。

　これにより、社会福祉事業の趣旨について規定されていたが、改正後は、

〔旧第三条〕	社会福祉事業は、援護、育成又は更正の措置を要する者に対し、その独立心をそこなうことなく、正常な社会人として生活することができるように援助することを趣旨として経営されなければならない
〔新第三条〕	国、地方公共団体、社会福祉法人その他社会福祉事業を経営する者は、福祉サービスを必要とする者が、心身ともに健やかに育成され、又は社会、経済、文化その他あらゆる分野の活動に参加する機会を与えられるとともに、その環境、年齢及び心身の状況に応じ、地域において必要な福祉サービスを総合的に提供されるように、社会福祉事業その他の社会福祉を目的とする事業の広範克計画的な実施に努めなければならない。 第2項　医療、保健その他関連施策との有機的な連携を図り、地域に即した創意と工夫を行い、及び地域住民等の理解と協力を得るよう努めなければならない

囲み２－２：社会福祉事業法第３条の改正

社会事業を行う主体として、多様な主体が地域住民の参加を促し、各々の地域に即して活動していくことが新たに規定され、この規定により、私団体もサービス提供者として位置づけられることになった。

　こうして、8法改正は、国民参加が積極的に表現され、福祉を行政任せにしていた国民への意識改革を目指すことが盛り込まれた法律となった。公私関係も、国民参加が謳われたことで、また、私団体も福祉サービスの新しい担い手として含まれたことで、新しい形の関係が築かれていくことが期待された。しかし三浦（1999,p.3）も、8法改正は措置主義という形での公的責任を今後どのように取り扱うかという問題を先送りした、との見解を示しているように、直接的な現実の公私関係においては、旧体制の形態がそのまま維持されていた。

（2）参加型福祉社会

　1991年度より、地域の特性に活かした福祉活動に活用されるために、地域

福祉基金が始まった。地域福祉基金は、地方財政計画と地方交付税の中に盛り込まれ、1991年度は2100億円、92年には3500億円、93年には4000億円が充てられた。そして、1991年11月に労働組合の連合が「ボランティア銀行の構想」を発表した。1992年5月には、経団連が「社会貢献白書」を作成し、10月には日本生協連合が、「生協の福祉活動の現状と課題」をだし、さまざまな団体が、福祉に参加していくための方針を考え始めた時期であった。また、改正された「社会福祉事業法」第70条の2を受け、中央社会福祉審議会では、1992年6月から複数のボランティア団体からヒアリングを行いながら、地域福祉専門分科会を7回、地域福祉専門分科会小委員会を16回開催され、議論が深められていった。そして、1993年4月に「国民の社会福祉に関する活動への参加の促進を図るための措置に関する基本的な指針」が策定された。近年の社会変化を背景に、国民のボランティア活動への参加や非営利の民間団体活動、企業の社会貢献活動の活発化にともない、より社会福祉に国民が参加していけるように基盤整備をしていく必要性から、基本的な指針が定められたものである。促進に当たっての考え方と措置が明示されているが、公私関係においては、「公的サービスとの役割分担と連携」という表題のもと、社会福祉の基礎的需要については、行政が第一義的に供給して、ボランティア活動等の福祉活動は、公的サービスでは対応が難しい需要に対して柔軟で多様なサービスを提供することが期待されると示されている。また、「地域福祉の総合推進」と表され、公私の福祉サービスが総合的に提供されるよう努めることが求められている。参加指針策定に携わった栃本（1996,p.79）は、「目的は単なる個々のボランティアの振興にあるのではなく、それを通じて、福祉社会のソフトな基盤をつくり上げる、それにより地域社会が広い意味で福祉コミュニティとして形成されるということ、そしてそのような社会を築いていく際に当然のことながら、行政は主導的役割を果たすのではなく、あくまで市民が中心とならなければならないことを示すために参加型福祉社会とされたのである。」と述べている。また、1993年7月19日に、中央社会福祉審議会の地域福祉専門分科会から厚生大臣に対して、

今後の市民活動としてのボランティア振興の考え方、具体的目標、そのための具体策について「ボランティア活動の中長期的振興方策について（意見具申）」が提出されている。意見具申では、「社会福祉の基礎的な需要については公的なサービスが対応することを前提にしつつ、その質的な充実を図る上で、ボランティアの役割が大きいということである。…また、公的サービスではなしがたい独自性や個別性を強調したサービスを提供し、より積極的かつ開拓的に福祉のレベルアップを図り、公私の新たなパートナーシップを打ちたてるものである。」と、公私の関係性の見直しが言及されている（厚生省 1993）。

　8 月には、全国社会福祉協議会・全国ボランティア活動振興センター運営委員会などで議論が深められたものをまとめた「ボランティア活動推進七ヵ年プラン」が策定され、社会的に広くボランティア活動を振興するために、21 世紀中にすべき目標や戦略が記された。さらに、1995 年 5 月にはさわやか福祉財団が中心となり、「ボランティア活動に対する社会的支援のあり方に関する調査・委員会」として、ボランティア活動支援に関する提言がまとめられている。

（3）利用契約制度

　措置制度の意味については、度々政府の中でも話し合われてきた。例えば、1981 年 6 月 15 日の「社会福祉施設の運営をめぐる諸問題について」の意見の中では、「厚生省社会局社会福祉施設運営改善検討委員会」で説明された措置制度の持つ意味は、「最低限度の生活を保障する国の債務を遂行すること」、「入所を要するものの数が施設の入所定員に比べ多い場合に入所の優先順位等の判断を公の責任で行うこと」と説明されている。1981 年 7 月の全国社会福祉協議会・施設制度基本問題研究会では、社会福祉に対する公私の役割分担について、「ミニマムの保障は公の責任であり、ミニマム・プラスアルファが民間の役割とする考え方が定説である。この考え方に立つと、措置委託はミニマムであり、公的責任の分野である」とされている。

児童福祉分野では、措置権者の地方自治体が、保育所利用申請者を、保育が欠ける児童かどうかを裁量・決定していたが、多様なニーズに対応できていないとの声が高まってきたため、1993年２月に「保育問題検討会」が発足し、保育制度の在り方について検討された。施設としては、利用者のニーズにあったサービスを提供するというインセンティブが発生しにくかったり、一定の保育パターンに限定されてしまう、手続きが面倒で時間を要するなど、措置制度の仕組みそのものに限界があるという意見がでた。そこで、保育所と利用者との契約による直接入所方式が提案され、翌年１月に報告書が作成される。そして1994年12月に、文部・厚生・労働・建設大臣合意のもと、社会全体による子育て支援策として、「今後の子育て支援のための施策の基本的方向性について（エンゼルプラン）」が策定され、「当面の緊急保育対策等を推進するための基本的考え方」が大蔵・厚生・自治大臣によって合意される。「緊急保育対策五カ年事業」で具体的な目標数値が、「新エンゼルプラン」にて、設置主体制限の撤廃が定められた。1997年３月「規制緩和推進計画」にて、乳幼児の保育の需要や多様な保育サービスのニーズの高まりを受け、利用者が保育所を選択できる制度の導入について話し合われ、「児童福祉法」第24条の、「保護者と利用者の関係は、措置という行政処分の行政庁と対象者という関係」から、「申込みとこれに対する保育サービスの提供」と変更された。さらに、民間企業参入の検討も行われ、2000年３月に「規制緩和推進３ヵ年計画」改定で、社会福祉法人以外の民間法人も認可保育所の設置主体として認められることとなった。

　高齢者福祉分野では、1993年に「高齢者施策の基本方向に関する懇談会報告」がだされ、サービスの一般化、普遍化を進めるために、利用者が施設やサービス内容を選択できる契約型施設の整備を進めることについて話し合われた。1994年７月に高齢者介護・自立支援システム研究会が発足し、「新たな高齢者介護システムの構築をめざして」と題する報告書が提出される。1994年９月に社会保障将来像委員会から「第二次報告」が出され、措置から契約方式へ、利用者の主体的選択の重視、高齢者の自立支援、"与えられる

福祉"から"選ぶ福祉"への変革について話し合われた。そして老人保健福祉審議会などでの議論を通じて、具体的に形が整えられ、1997年に「介護保険法」成立、2000年4月に施行される。今まで行われていた措置権を持って、社会福祉法人の施設に委託するという行政処分ではなく、要件を満たした事業者を行政が保険給付機関として指定し、高齢者自らがサービスを選び、ケアマネージャーがケアプランを作成し、実際のサービス提供者と契約するという形式に変化した。そして新たなサービス提供主体として民間団体が、在宅介護分野に参入できることになり、軽費老人ホーム（ケアハウス）等は、利用契約方式で行われた。こうして法人格を有した、NPO 法人や企業、社会福祉法人、医療法人、生協、農協が、介護サービス供給者として参入するようになった。市町村は、介護保険の保険者となり、介護サービス全体の調整者の役割を担うこととなった。この民間福祉事業は、慈善や博愛ではないため、憲法第89条には抵触しないという見解だった。しかし、栃本（2002a）は、「介護保険は民間社会福祉事業への資金の流れを「措置費」から「介護報酬」に変えたに過ぎず、「供給者援助方式」という点では措置制度と変わらないという議論があり、従来の日本の社会福祉サービス供給体制は堅持されている」と述べている。

　障害者分野では、1995年に「障害者プラン」が策定され、12月には、「障害者プラン～ノーマライゼーション7カ年戦略～」がだされた。2003年度から措置制度から支援費制度へと代わり、障害者自らがサービスを選び、契約する利用者本位のサービス型が導入された。

（4）社会福祉基礎構造改革
　1997年から社会福祉基礎構造改革と呼称する動きが現れはじめた。その趣旨説明では、「本改革は、昭和26年の社会福祉事業法制定以来大きな改正の行われていない社会福祉事業、社会福祉法人、措置制度など社会福祉の共通基盤制度について、今後増大・多様化が見込まれる国民の福祉への要求に対応するため、見直しを行うものである。」とされていた。1997年9月に「社

会福祉事業等の在り方に関する検討会」が立ち上げられ、1年間日本の社会福祉の基盤となる制度の在り方について議論がなされ、1997年11月25日に社会福祉の基礎構造改革についてまとめられた。

　1998年6月「社会福祉基礎構造改革について（中間まとめ）」では、主に社会福祉法人のあり方について議論された。介護保険導入にあたって、一般事業者の福祉分野への大量参入が見込まれていたが、クリームスキミングの懸念があったからである。社会福祉法人は、取りこぼされてしまう領域を補完する役割を果たしていく必要性があることや、法人の経営は、法人の自律性を高めることにより、多角的な事業の積極的展開が可能となることが確認された。そして、外部監査の導入や経営情報の開示などの取組を促進することにより、適正な事業運営を確保する必要性が話し合われた。12月には、「社会福祉基礎構造改革を進めるに当たって（追加意見）」が出され、「住民の積極的かつ主体的な参加を通じて、福祉に対する関心と理解を深めることにより、自助、共助、公助があいまって、地域に根ざしたそれぞれに個性のある福祉の文化を創造する」と、地域福祉の推進のための方向性が示されている。

　2000年6月に「社会福祉事業法」が「社会福祉法」へと名称とともに改正された。8法改正時に追加された第3条の基本理念では、国、地方公共団体、社会福祉法人、社会福祉事業を経営する者が、社会福祉事業の主体として並列的に記されていたが、「社会福祉法」に改正した際に、この規定が削除される。栃本（2002a,p.145）は、「第3条および第3条第2項の部分を入念に書き分けたようにみられるが、むしろ旧第3条を分解することによって供給主体にかかわる多元的供給やパートナーシップという意味合いは消え、本来の社会福祉事業法の原則に戻ったといえる」と分析している。さらに、第5条にあった「経営の準則」が、第7章の第60条「経営主体」と第61条「事業経営の準則」に文言を変えることなく移行された。また、第4条の「地域福祉の推進」では、「福祉サービスを必要とする地域住民が地域社会を構成する一員として日常生活を営み、社会、経済、文化その他あらゆる分野

の活動に参加する機会が与えられるように、地域福祉の推進に努めなければ
ならない。」という表現になっている[14]。

　2000年7月には、「社会的な援護を要する人々に対する社会福祉のあり方
に関する検討会」が設置され、9回にわたり、わが国の社会構造の変化を踏
まえた新しい社会福祉のあり方について話し合われた。中でも、社会福祉協
議会、自治会、NPO、生協、農協、ボランティアなどの団体や機関とつな
がりを築き、新たな公を創造していく必要性が確認された。

（5）特定非営利活動促進法

　1970年代後半から、フリースクールやナショナルトラストなどの市民活動
は、各分野で潜在していたニーズに呼応し、活発に活動するようになってき
ていた。その後80年代、90年代と市民活動の数も増加していったが、社会で
の認識が薄かった。研究者や関係者の間では、80年代後半辺りから、少しず
つ NPO の概念が海外から導入され広まり始め、NPO 法立案への機運が高
まっていた。1994年には、「C's（シーズ）＝市民活動を支える制度をつくる
会」が設立され、日本新党、新党さきがけ、参議院法制局で、NPO 法実現
に向けた検討会や勉強会が持たれていく。そのような中で、1995年1月に阪
神淡路大震災が起こり、多くのボランティアや市民団体が活躍したことが、
関係者のみでなく、社会の注目を集めるようになった。復興活動後も、活躍
した市民団体が法人格をもてないために、寄付金の優遇団体になることがで
きず、活動に支障をきたしていることが問題となった。政府は「ボランティ
ア問題に関する関係省庁連絡会議」を立ち上げ、NPO 法立法に向けて、本
格的に動き出した。そして、1998年3月に全会一致で「特定非営利活動促進
法」が制定される（2011年、2016年に一部改正）。その目的は、「特定非営利
活動を行う団体に法人格を付与して市民の自由な社会貢献活動の健全な発展
を促し、公益の増進に寄与することである」とされている。「特定非営利活
動促進法」で、法人は"認証"されるシステムとなり、その"認証"を与え
るのが、所轄庁であった[15]。こうして、市民活動団体が容易に法人格を取

得できるようになり、社会福祉法人以外の私団体の活動がしやすくなった。また、2001年には、NPO法人のうち、一定の要件を満たし、パブリックサポートテストをクリアし、国税庁の認定を受ける認定NPO法人制度ができた。認定NPO法人に寄付した者は、確定申告の際に寄付金控除を受けることができるため、市民が寄付することへのインセンティブになる仕組みである。

（6）公益法人制度改革

2000年から2008年にかけて、公益法人制度改革が行われた。日本の公益法人制度を位置付けた民法は明治期に制定され、その後ずっと使われてきていたが、公益法人制度改革では、その民法も改正された。2006年5月「公益法人制度改革関連3法案」が成立し（施行は2008年12月）、「一般社団法人及び一般財団法人に関する法律（一般社団・財団法人法）」、「公益社団法人及び公益財団法人の認定等に関する法律（公益法人認定法)」、「一般社団法人及び一般財団法人に関する法律及び公益社団法人及び公益財団法人の認定等に関する法律の施行に伴う関係法律の整備等に関する法律（関係法律整備法)」が制定された。この改正により、これまで民法による縦割り型の主務官庁制度で、公益の判断基準が不明確であったものを、準則主義とし、全ての公益法人は税制の優遇措置が受けられる形式になった。「中間法人法」も廃止され、中間法人は、一般社団法人制度に含まれることになった。

（7）これからの地域福祉のあり方に関する研究会

2016年6月に「ニッポン一億総活躍プラン」が閣議決定され、あらゆる場で誰もが活躍できる社会の構築を目指して、主に経済（GDP600兆円）、子育て支援（合計特殊出生率1.8の実現）、介護（介護離職ゼロ）の3点から計画が立てられた。それを受けて、厚生労働省では『我が事・丸ごと』地域共生社会実現本部が設置され、「地域における住民主体の課題解決力強化・相談支援体制のあり方に関する検討会」が立ち上げられ、他人事を自分事のよ

うに、くらしの課題を丸ごと受け止める共生社会の構築のあり方について議論された。

その結果、2017年5月に「地域包括ケアシステムの強化のための介護保険法等の一部を改正する法律」で共生型サービスの新設置が明記されるようになり、高齢者、障害者、子どもといった対象によってサービスを分けるのではなく、必要があれば、どのような対象者でも支援を受けられる形態が定められた。

また、2017年4月から施行された社会福祉法改正により、第4条の地域福祉の部分で、市民が「参加する機会が与えられるように」と規定されていたものが、「参加する機会が確保されるように」と修正された。

第4条　地域住民、社会福祉を目的とする事業を経営する者及び社会福祉に関する活動を行う者（以下「地域住民等」という。）は、相互に協力し、福祉サービスを必要とする地域住民が地域社会を構成する一員として日常生活を営み、社会、経済、文化その他あらゆる分野の活動に参加する機会が確保されるように、地域福祉の推進に努めなければならない。

2　地域住民等は、地域福祉の推進に当たつては、福祉サービスを必要とする地域住民及びその世帯が抱える福祉、介護、介護予防、保健医療、住まい、就労及び教育に関する課題、福祉サービスを必要とする地域住民の地域社会からの孤立その他の福祉サービスを必要とする地域住民が日常生活を営み、あらゆる分野の活動に参加する機会が確保されるうえでの各般の課題（以下「地域生活課題」という。）を把握し、地域生活課題の解決に質する支援を行う関係機関（以下「支援関係機関」という。）との連携等によりその解決を図るよう特に留意するものとする。

さらに、社会福祉法人制度については、社会福祉基礎構造改革の時以来検討されてこなかったが、2011年に社会福祉法人の内部留保についてマスコミで取り上げられ、社会保障審議会介護給付費分科会にて特別養護老人ホーム1施設当たり平均約3.1億円の内部留保があることが報告された。規制改革会議でも財務諸表の公表等されていないことが指摘され、全ての社会福祉法人の財務諸表の公表が提言された。そこで、2013年に厚生労働省社会・援護

局において「社会福祉法人の在り方等に関する検討会」が開催され、社会福祉法人の現状、社会福祉法人が地域から期待される更なる取組、ガバナンス、社会福祉法人の大規模化・協働化、適正な運営の確保、イコールフッティング、福祉人材の確保等が議論され、2014年7月に報告書が提出された。

　また、公益性・非営利性を確保する観点から社会福祉法人の責務についても議論された。社会福祉法人は、税制優遇措置が講じられている公益性の高い法人として、社会福祉事業の中心的な担い手としての役割を果たしているが、それだけではなく、地域における公的法人としての役割も担っている。けれども地域支援に関して法人ごとにバラつきが大きいことが問題視された。そこで、社会福祉法の改正により、『地域における公益的な取組』を実施することに関する責務規定が次のように示された。第24条第2項、「社会福祉法人は、社会福祉事業及び第二十六条第一項に規定する公益事業を行うに当たっては、日常生活又は社会生活上の支援を必要とする者に対して、無料又は低額な料金で、福祉サービスを積極的に提供するよう努めなければならない」。

　地域における公益的な取組の例示として、高齢者の住まい探しの支援、障害者の継続的な就労の場の創出、子育て交流広場の設置、複数法人の連携による生活困窮者の自立支援、ふれあい食堂の開設が示された。営利企業等では実施することが難しく、市場で安定的・継続的に供給されることが望めないサービスを供給すること、すなわち、既存の制度の対象とならないサービスを無料又は低額な料金により供給する事業の実施が求められた。

　また、2019年4月から「社会福祉法人の事業展開等に関する検討会」が開催されており、社会福祉法人の今後の事業展開のあり方が議論されている。その中で、社会福祉法人を中核とした非営利連携法人の社会福祉連携推進法人の創設がまとめられた。

6.　小括

　以上のように、日本での公私関係は措置制度が大きな影響を及ぼしている
ことが明らかになった。その契機となったのは、昭和初期の大不況により、
各地の民間施設が運営困難に陥り、民間自身が政府に助成を求めたことに
あった。しかし政府は、民間施設を助成することを約束した一方で、行政が
施設を監督・統制するようになった。そして、戦争が激化するとともに、人
的資源を増強するという名目で、政府が人々の生活を管理するようになり、
民間もその傘下に取り込まれ、公私の活動は一体化していった。

　終戦を迎えると、GHQ がそのような公私関係を見かねて、日本政府に民
主主義社会を構築するために、公私分離を要求し、憲法第89条の公の支配に
属しない慈善、教育または博愛の事業に対する公金支出禁止規定の条文化が
出来上がる。こうして、政府が民間の社会福祉施設を援助することができな
い状況になったが、社会福祉施設も戦争被害や、圧倒的な施設数の不足、経
営困難などによって、運営困難に直面し、政府の援助が緊急に必要な状態で
あった。そこで、GHQ の公私分離政策の抵触を掻い潜り誕生したのが、社
会福祉法人と措置制度であった。措置権者である行政が民間社会福祉施設に
業務を委託し、行政が利用者の施設における生活費たる事業費及び施設の運
営費たる事務費とを施設に支弁する債務を負い、民間社会福祉施設は受託義
務と利用者へのサービス提供義務が発生するというものである。栃本
(1996,p.83) は、米国国民のキリスト教による思想や、市民社会形成の遅
れ、厚みのある民間事業の資産や運営手法、当時の日本の国民生活の違いに
より、サムスが考えていたような公私関係を実行するには時期尚早であった
と指摘している。確かに、集められた資料からは、当時日本政府が公私分離
の概念を理解していたとは思えず、とにかく既存の民間社会事業形態や施設
をいかに存続させるかに意識が集中していたことがうかがえる。GHQ もい
ずれ日本が復興を遂げた後に、措置制度に関しては日本人が自ら代えていく
だろうと踏んでいたが、日本政府は、高度成長を遂げた後も、措置制度にメ

スは入れず、逆にその比重を重くしていってしまった。

　1970年代に入ると、ようやく措置制度の見直しが提案され始める。三浦 (1999,p.9) は、福祉関係 8 法改正に至る社会福祉の動向を第一次の制度改革、基礎構造改革を第二次の制度改革と捉えて分析している。第一次制度改革では、①国と地方との役割分担の再検討＝分権化、②公私の役割分担の再構築＝供給体制の多元化、③対人福祉サービスを基盤とする在宅福祉の重視の 3 点を中心に取り組まれていったが、第二次制度改革では、①分権化の一層の徹底化、②規制緩和の促進による民間の参入と社会福祉法人を含む民間の主体性の確保、③在宅福祉からより総合的で自立と参加を内容とする地域福祉の推進から変えられていったとまとめられている (ibid)。第二次臨時行政調査会からの流れは、公私関係に特に変化を及ぼすものでもなかったことが明らかになった。この一連の改革と称する流れで取り組まれたのは、中央から地方への分権化と若干の多元化であった。新藤 (1996,p.147) は、「80年代以降の厚生省による福祉改革は、「集権的パラダイム」からの転換を指向しているが、「分権的パラダイム」への転換ではない。介護保険制度は、「分権的パラダイム」を基礎とするとはいえない。それは、「集権的パラダイム」から「市場パラダイム（市場機構を基礎としてサービス需要と供給の均衡を妥当とする認識枠組み）」への転換を基本とする制度改革なのである。」と述べている。栃本 (2002a,p.126) も、「第二次臨時行政調査会以降の社会保障、社会福祉のあり方については、…①従来の意味での行政責任と行政の社会福祉供給にかかわるしくみである措置制度を堅持したうえで、②一部シルバーサービスの活用などにみられる供給主体の多様化ということと、③費用徴収という形での（措置制度を堅持していながら）利用者負担を求めるという方向で進んできた。」と述べている。

　こうして、現在の公私関係に宿る複雑さは、終戦後の混乱の中でとられた日本政府側の苦肉の策としての措置制度に原因があることがわかった。GHQ が求めた公私分離を行ってこそ、GHQ が設計した制度全体が生きるように組み立てられていたものが、日本政府が要請した社会福祉法人制度創設

と措置制度を承認してしまったことにより、辻褄合わせをするかのごとく、公私関係が複雑になり、民間が抑えられ、市民性が形成されにくいシステムになってしまった。そこで現在、措置制度を中心とした公私関係に、どのような問題が生じているかについて提示する。

（1）上下関係

　まず、公私関係で一番厄介なことは、多くのケースで、行政が上で民間団体が下という上下関係が生じているということである。そもそも措置費が本来委託に対する対価であるとすれば、委託者である行政と受託者である民間施設は対等な関係においてその価格が決定されなければならなかった（田中 2006,p.109）。しかし行政庁による国民の「権利保護」のためにこそ、調査、指導、措置などの「職権主義」を必要とするという論理と結びつき、行政に強力な集権体制を温存させることとなってしまった（三浦 1996 in 新藤 1996,p.113）。また、措置委託制度は国家が定額のサービス費用を、サービス提供者に第三者払いする制度であり、国家は、独占的ブローカーとして君臨し、民間施設等のサービス供給者はあくまで行政というブローカーに対してサービスを売っている（星野 1995,p.27）状態である。したがって、民間団体が単一のブローカーである行政から気に入られようと努力するのは自然の節であり、上下関係がこの点においても自然に成立してしまう。

　ここで問題となってくるのが、民間団体の下請け化である。下請け化とは、「行政の仕事がそのまま委託先に依頼されるが、権限は行政側に維持されていること。そして、受託側は委託条件に不都合を感じても、受託することを優先するために、断ることができないこと。（田中 2006,p.78）」である。民間側は運営費を自己調達する努力も行われなくなり、運営費も行政の委託費まかせとなりやすい。ましてや行政に対して、お上意識を持ち、委託を受けることが、ある種のステータスを持つ団体があったり、社会からの信頼を得ていることとイコールであると認識する団体も多く、すすんで委託を受けたがる団体も少なくない。

このように、委託する行政側においても、受託する民間側にとっても、上下関係が容易に生じてしまう公私関係が、措置委託制度には存在している。

（2）国家責任のあり方

　次に、国の責任のあり方である。日本国憲法第25条の第2項では国の保障義務として、「②国は、すべての生活部面について、社会福祉、社会保障及び公衆衛生の向上及び増進に努めなければならない。」と規定されている。単純に読めば、この条項は、国が社会福祉、社会保障、公衆衛生の3つの方向から国民の生活をよりよいものへと、サポートし続けていかなければいけない、という一般の組織で掲げられるような理念であると読める。

　しかし、この条項をめぐって、さまざまな議論が交わされてきた。1つ目の見解は、第25条には国がすべての国民が生存を営むことができるように努力することを国政の目標として示したものであり、法的効果のない概念規定であるとする、プログラム規定説。2つ目の見解は、第25条は、国民一人ひとりに具体的請求権を保障したものであるとする、具体的権利説。3つ目の見解は、第25条は国民の権利を保障しているが、実態は別途法律を持って具体的に保障するとする抽象的権利説。

　これらの見解は、1958年の朝日訴訟をもって議論が活発になってきた。最高裁判決では、社会保障に関する国民の受益は、「国の配慮」の反射的利益にすぎないから、国民の具体的な受給請求権はいっさい認められないと判決が下された。つまり生活保護法で実質役割が果たされるということが示されたといえる。したがって、3つ目の抽象的権利説が一般的解釈として広まっている。

　憲法第25条が道徳的なもので、具体的な手段は各分野の法律をもって、保障していくということになる。生存権は、政治的力関係によって、（立法）政策により実現される権利であり、「政治的（イデオロギー的）権利」あるいは「政策的権利」といえる（池田 in 大須賀 1977,p.79）。そうなると、国家実施責任のような支援やサービスを提供する単一の全国的行政機関の設置

や日本政府が「私的・準政府機関に委譲・委託せずに」「実施の責任体制を確立」することまでは含んでいないということができよう。①国家が国民の最低生活を保障する責任を持つという公的扶助、②要援護者に不可欠な各種の福祉サービスを、地方公共団体を通じて自らまたは他に委託して、講ずることを義務付ける（又は権限を与える）公的な制度であり、それに要する費用も費用徴収額を除き公的に負担するものであるという（ibid）。

　したがって措置制度の縮小や廃止は、公的責任の放棄に繋がるものであるとみる意見があるが、国家扶助により、国家責任で果たすべき領域として法律に定められているのは、法定受託事務としての生活保護の領域のみである。また、福祉におけるナショナルミニマムの維持は、果たして行政警察概念をひきずる行政処分行為としての措置でなければ維持し得ないものであるのか議論していくことが必要である（新藤 1996,p.191）。そして単一的な行政サービスではなく、新しい資源調達と配分方法が生み出される必要がある。したがって、実際にサービスを行うのは、独創的な試みや先駆的活動を行える NPO、企業でもよいわけである。要となるのは悪質なサービスを行うものがでないよう、市民が監視できる第三者評価等のシステムの構築が必要である。そして国は社会全体を見て、バランスを調整したり、そのような市民主体のシステム構築のために助成する役割となるであろう。国家責任のあり方は、例えば、市町村への措置の義務付けという形でなくても、施設整備への補助、保育料の減免、最低基準維持のための監督等の形があり得る等議論を深めることが求められる。

　サムス（社会福祉研究所 1979,p.229）の回顧録では、次のように記録されている（囲み 2 − 7）。

　つまり、中央集権化は、当時の日本が米国のような地域ごとの分権型で社会を運営していける状況ではなかったため（実際に地方警察で試みられたが失敗に終わった）に作られた手段だった。しかし現在の日本では、サムスが述べたように、強力な中間層がおり、フラットな社会構造を実現できる時代にきている。

> 「民主的な政府をつくることが、われわれの指令であったわけです。…アメリカは連邦政府制度をとっています。われわれは日本の社会構造がわれわれの政府形態とは適合しないと判定しました。なぜならば、国民の社会構造がそれを可能にしないからです。強力な中間層が必要ですし、フラットな社会構造も必要です。日本にはそれがありませんでした。それゆえ、われわれはアメリカ式の政府形態は設置すべきではないと判断しました。…中央集権化がなされていない政府形態は、日本では機能しなかったでしょう…そこでわれわれは強力な中央政府が必要であると判断したのです。」

囲み2－7：サムス回顧録の一部抜粋

（3）民間団体のあり方

　現在の日本の地域社会では、市民活動が活発で、それらの市民・民間活動の特性が十分に生かされているわけではない。まず、施設などを主に経営し、戦後から一貫して行政の措置委託を受けている社会福祉法人と、近年になってより活動が活発になってきたNPO団体でもそのあり方が違っている。NPO団体は、十分な活動資金が集まらない、市民の関心・支持が得られない、フォーマルネットワークからはずされてしまいがち等の課題がある。どのような組織体でも先に述べたように、行政の委託先になることで、社会の信頼を得られると一定のステータスを感じてしまうのも仕方のない話である。また、行政からの委託を受けることで、NPO組織の性質が変化してしまうことも指摘されている。田中（2006,p.78）は、民間団体が業務委託を受託した結果、生じがちな傾向をまとめている。①社会的使命よりも雇用の確保、組織の存続目的が上位に位置する、②自主事業よりも委託事業により多くの時間と人材を投入する、③委託事業以外に新規事業を開拓しなくなっていく。新たなニーズの発見が減る、④寄付を集めなくなる、⑤資金源を過度に委託事業に求める、⑥ボランティアが徐々に疎外されている。あるいは辞めている、⑦ガバナンスが弱い、の7点を指摘する。

注釈

(1) 「現在の社会事業を統制し、更に進んで今後起きるべき社会事業も、此法律の定むる所によって統制の中に入れて、さうして、できるだけこれを助成して行きたい…何しろ過渡の時代で今日まで其のままにして居った社会事業を統制するための法律は今日まで出来て居らなかった、之に対して現存して居るものを統制し、将来に於いてもこれを統制していく、併し唯単に統制だけではいけない、見込みのあるものには一定の国家の力を貸して助成していく故に此法律の建前は統制と助成と二つながら相並んで進んでいきたいと言う方針であります」（3 月 2 日：工藤政府委員発言）「補助費 50 万円というのはいかにも少ないと言うのも尤もである。…政府の社会政策的立法並に社会的行政に対する予算は、本年は軍事関係の方面に非常に沢山出て居る…此の程度で辛抱するより外致し方ないと思います」（3 月 14 日：廣瀬政府委員）

(2) 栃本（2006,p.126）は、繰り出し梯子理論について、繰り出し梯子理論とは、「基本梯子である基礎部分は責任をもって公が行う（それはナショナルミニマムということになる）が…それ以上の部分は繰り出しはしごとして「国民の努力」として民間が最低限度に対して付加的に援助の手を差し伸べていく（栃本 2006,p.125）」と説明し、さらに、「それは新しい処遇であるとか、「公」では難しい手間のかかる困難な対象を扱うとか、さまざまな実験的・開拓的な試みを行うなど「公」にくらべ先駆的な役割が果たせるという。それが「公」の行う救済の改善を促すという役割・機能ももつことになる。このように「繰り出し梯子理論」では公私の関係が機能によって分けられることになる。財源については異なるが一種のコラボレーション・モデルともいえる」と自身の見解を含めて説明している。

(3) 「これは、わたくしは好きではありませんがアメリカでわれわれが行ってきたことなのです。アメリカでは政府の資金を調達しそれを民間組織に配分しているのですが多くの場合、それは失敗するか、またはかれらはいかにしてそれを使うのかを知らずに資金を浪費し、それを自分の懐に入れているのです。合衆国での最近の全ての貧困対策についてみるならば、資金はいったい何処へ行ってしまったのでしょうか。それは各個人の懐に入ってしまったのです。納税者の金がですよ。今日、アメリカでは凡ゆるものが補助金で支出されていますが、これは無駄が多く好ましくない国費の誤用だと思います。」「わたしは民間福祉組織というものは何らかの計画を実践していく上での先駆者として設けられたものと信じております。それが赤十字であれ、ある種の老人ホームか何かであれ民間組織はパイロットなのだと思います。かれらはそれらのサービスを必要だと考えています。そしてパイロットプロジェクトとして老人ホームや児童センターやその種のものを開設しています。これが、適切に全ての国民に適用されるものになってくると、そこで全ての国民のために実行を政府に委ねるべきではないでしょうか。」（こうした公私関係観に対し、サムスは非常に期待と満足感を持っていたと思われ、自身も、「この国に最も適しえるものであり、かつ偶然にも合衆国が現在達成せんと努力しつつある一目標であるところの行政の一形式を与えている…今までに完成せられていない成

果を完成することを可能とした」と述べていたという。）

(4)　SCAPIN775では、「公的扶助　１．一九四五年十二月三十一日付 CLO 一四八四
（一．一）「救済福祉計画」に関して、もし以下の条件に従うように変更されれば、この
提出された計画を日本帝国政府が実施することに反対しない。a. 日本帝国政府は単一の
全国的政府機関を確立し、その機関が県および市町村機構を通じて十分な（adequate）
食料、衣料、住居、医療保護をすべての困窮者に対して、差別的ないし優先的取扱をせ
ずに、平等に提供すること。b. 一九四六年四月三〇日までに、日本帝国政府がこの計画
に対する財政的支援と運営の責任をとること、それまでいかなる民間ないし準政府機関
にも（これらの支援と運営の責任を）付与ないし委任してはならない。…」と定められ
ている。

(5)　　憲法第89条を挿入した理由としてサムス（社会福祉研究所 1979,p.214, p.226）は、
「アメリカでは政府の資金を調達しそれを民間組織に配分しているのですが多くの場合、
それは失敗するか、またはかれらはいかにしてそれを使うのかを知らずに資金を浪費
し、それを自分の懐に入れているのです…これは無駄が多く好ましくない国費の誤用だ
と思います」「わたしは、その悪い点を日本に持ち込むつもりはありませんでした。だ
から、わたしは民間福祉について、政府資金がまったく利用できないという制限を日本
の法律に組み込みました。」と説明している。

(6)　　1921年に長崎県で日本で始めての共同募金が行われ、大きな成果をあげていた。そ
の後1933年に東京私設社会事業連盟主催で、東京でも試みられた。葛西（社会福祉研究
所1979,p.285）によると、「PHW の考え方は、社会事業法の補助金を禁止して、代わり
に共同募金をやりなさいということでした…でも、あのころ共同募金をやれといわれて
も困るものだから、四の五のいっているうちにフラナガン神父がやってきた。ぼくは進
駐軍列車で仙台へいっしょにいった。その車中で『ミスターカサイ、共同募金というの
は非常にデモクラティックな良い制度で、みんなが出し合うのです。』というのです。
共同募金をやれとわれわれにいっていたのはネフだから、ネフがフラナガンにいったの
にちがいないけれども。…日本で戦前にやって失敗した実例なんかも、まえから聞いて
はいたけれども、漠然たる知識しかなかったから、研究してみようかと安田君や黒木君
と話していたら、たまたまフラナガンがきたわけです。それで、失敗するかもしれない
がやってみようということになって、黒木君が大急ぎで資料をつくってくれた。

(7)　「わたしは民間組織は助成されるべきだけれども政府の資金を用いることはできない
と述べたのです…巨額の金を集めそれをボーイ・スカウトや赤十字のような団体に配分
するやり方で、これを日本に導入したのです。つまり民間福祉に補助金を与えるために
導入したのです。」

(8)　　木村忠次郎（吉田・一番ヶ瀬 1982,p.333）も、「あれは、最初やったのは葛西さんの
ときですね。葛西さんが社会局長で黒木君に命じて調べさせた。そしてあれをやった
のはニクラウスとエバンスでしたか、あの辺りですよ。…ただ、日本では昔から歳末募金
をやっているでしょう。それから民生委員、昔の方面委員は募金をやっているから、で

きないとは思わなかった。」と述べている。

(9)　土光は、行政改革に取り組もうと決意した心境について、「僕は経団連の会長を務めていたころから、行政改革を強く主張してきた。政府の組織、行政のやり方を簡素合理化しない限り、いかなる増税にも応じられないという姿勢で臨んできた…本当に必要な福祉はもっと充実させなければならんが、それに当てる財源を確保するためにも、ムダを省いて合理的な国家にする必要がある…ここで社会の基礎作りをして、次の世代まで活力を維持していけるかどうかは重大な問題になると思う。(居林 1982,p.161)」と答えている。

(10)　団体委任事務か団体事務かについて、新藤 (1996,p.72) は、「社会福祉論の学者のなかには、法律が団体事務としているにもかかわらず、わざわざ論文のなかで「団体委任事務」と読み替えている者もいる（たとえば星野信也）。…しかし、団体事務は、自治体の固有事務であり中央政府からの委任事務ではない。」と述べている。

(11)　「今後の社会福祉のあり方について」この意見具申にて、国民の福祉需要に的確に応え、人生80年時代にふさわしい長寿・福祉社会を実現するため、今後とも福祉サービス一層の量的質的拡充を図るとともに、ノーマライゼーションの理念の浸透、福祉サービスの一般化・普遍化、施策の総合化・体系化の推進、サービス利用者の選択の幅の拡大等に留意しつつ、市町村の役割重視、在宅福祉の充実、民間福祉サービスの健全育成、福祉と保健医療の連携強化・総合化、福祉の担い手の養成と確保、サービスの総合化・効率化を推進するための福祉情報提供体制の整備が目指された。

(12)　「一般消費税の導入に至る経緯のなかで、中曽根内閣における売上税の失敗から、竹下内閣は、大型消費税を福祉目的税的な形で導入するような姿勢を一部に示した。すでに1986年 7 月以降、消費税導入の作業が再開され、10月には税制改革答申が行われる。1985年に次年度86年度予算編成時には、当時の増岡厚生大臣が社会保障特別会計の設置を要望している。1987年10月に成立した竹下内閣では、88年の 3 月に政府が21世紀の社会保障の給付と負担について将来推計を行い、そのような気運のなかで高齢化社会への対応論として税財源の安定的確保の途として消費税導入を論じていく」、と栩本 (2002a,p.110) が詳細を説明している。

(13)　福祉 8 法改正の主要な改正項目は、①特別養護老人ホーム等及び身体障害者更生援護施設への入所決定等の事務の町村への移譲、②各種在宅福祉サービスの推進、③都道府県及び市町村への老人保健福祉計画の策定義務付け、④福祉事務所機能の再編に伴う地方公共団体の福祉の事務の再編、⑤社会福祉事業の追加、⑥社会福祉協議会及び共同募金活動の推進、⑦社会福祉・医療事業団における基金の設置、⑧有料老人ホーム設置の事前届出等である。

(14)　同じ指摘を衆議院厚生委員会第10号 (2000) にて、山本委員が質問を行い、その答弁にて炭谷政府参考人は、「第四条におきまして「機会が与えられる」というような表現を使われておりますのは、現行の障害者基本法の基本的な理念とか身体障害者福祉法などの規定ぶりを参考にしたものでございます。その意味するところは、障害者の方々

などが、障害のない方々と同様、あらゆる活動に参加する機会を均等に有するという趣旨をあらわしたものでございます。」と答えている。

(15)　立法過程においては、自由民主党は「認可」、社会民主党は「登録」、新党さきがけが「認証」を主張して推移したが、最終的には従来の宗教法人と同様の「認証」となった。「認証」は基本的には「認可」と同じものと解釈されるが、原則的に書面による形式要件の審査のみに止まり、活動内容の価値判断には立入らないもので、「認可」よりも縛りが弱い（in 中村陽一 1999,p.23）。

第2節　協働の現状

1. 地方自治体における協働

　行政と NPO が協働していくことの困難性を打開するために、いくつかの自治体は独自の協働促進制度を作り上げて対応している。本書では、先駆的な存在である4つの自治体〔横浜市、三重県、愛知県、名古屋市〕の取り組みを取り上げる。

（1）横浜市

　横浜市では、高度経済成長期から1990年代にかけて人口が急増する中で、活発な市民活動が展開され、協働の取り組み事例も出てきた。市民活動が活発に行われる環境づくりを進めるために、1997年に「市民活動推進検討委員会」が設置される。検討委員会では、市民活動と行政との協働のあり方について法的な課題も含めて検討され、1999年に協働関係を築くうえでの基本的な事項を定めた「横浜市における市民活動との協働に関する基本方針（横浜コード）」が提案される。「横浜コード」は6原則；①対等の原則（市民と行政は対等の立場にたつこと）、②自主性尊重の原則（市民活動が自主的に行われることを尊重すること）、③自立化の原則（市民活動が自立化する方向で協働を進めること）、④相互理解の原則（市民活動と行政がそれぞれの長

所、短所や立場を理解し合うこと）、⑤目的共有の原則（協働に関して市民
活動と行政がその活動の全体または一部について目的を共有すること）、⑥
公開の原則（市民活動社会と行政の基本的事項と関係が公開されているこ
と）（横浜市 2012a,p.3）から構成されている。

　その後、2000年に「横浜市市民活動推進条例」が策定され、3 年ごとに条
例改正が行われている。2004年に市民と行政が相互の自主性を尊重し、対等
な立場で一緒に地域課題や社会的課題に取り組むための「協働推進の基本指
針」が策定された。この指針で協働とは、「公共的サービスを担う異なる主
体が、地域課題や社会的な課題を解決するために、相乗効果をあげながら、
新たな仕組みや事業を創り出したり、取り組むこと（横浜市2012a,p.2）」と
されており、協働の主体としては、公益的・社会貢献的な活動を行う団体・
グループのみならず、自治会町内会を中心とした地域組織や企業等も含め、
身近な地域で多様な主体同士が進める協働の取り組みが重要だと捉えられて
いる。横浜市では2004年を「協働元年」と位置づけ、この「協働推進の基本
指針」の考え方に基づき、地域課題や社会的課題を協働して解決するため、
市民の発想や手法を活かした提案をもとに、提案団体と横浜市が協働で事業
を企画・実施していく「協働事業提案制度モデル事業」を 3 年間のモデル事
業として開始した。横浜市市民活動推進条例に基づき、毎年市民協働の取り
組み状況について報告書が作成され公表され続けている。2017年度の市民協
働数は195事業であった（横浜市 2018）。

　2010年には市民や行政職員向けに協働についてわかりやすく解説された
「市民と行政のための協働ハンドブック」が発行される。2018年には改訂版
ハンドブック「Let's〈協働入門〉」が作成された。イラストや図を活用し具
体的な事例なども紹介しながら、協働の目的や意義、進め方についてわかり
やすく説明されている。その中では、定例的に打ち合わせの場を設けたり、
協働協定書等を結んで約束することの有効性や、行政優位になりがちな委託
契約を対等なパートナーシップに基づくふさわしい契約に変えていくための
研究が市民活動団体を中心に進められていることなども記載されている（横

浜市市民局市民協働推進部 2010）。2011年には「横浜市地域の絆をはぐく
み、地域で支え合う社会の構築を促進する条例」も制定され、2012年には
「横浜市市民活動推進条例」から「横浜市市民協働条例」に改正された。

　協働の具体的な方法としては、横浜コードの中で次の6形態があげられて
いる。①補助・助成（市民活動が主体となる公共的事業に対し、資金の援助
を行うこと）、②共催（市民活動が主体的に行う事業に対し、市が企画及び
資金面において参加し、共同して事業を実施するもの）、③委託（委託規則
等に基づき市の事業等の実施を委託するもので、市民活動が相手方となる場
合）、④公の財産の使用（市民利用施設の優先利用等をルール化する）、⑤後
援（市民活動が主体的に行う事業に対し横浜市後援名義の使用により精神的
な支援を行う）、⑥情報交換・コーディネート（検討会・協議会の設置、広
報紙の発行等により、情報交換や共同事業のための検討等を行う）。どの形
態においても、協働の準備段階として日常の情報交換等が重要な役割を果た
すことも多く、その役割の重要性について認識すべきだとされている（横浜
市 1999）。

　協働を進めるにあたっては、行政と市民が協働の必要性や事業目的、役割
分担などを対等な立場でよく話し合い、合意を得て進めることとされ、協働
事業の実施について契約を結ぶ場合は協働協定書を事業推進の基本文書とす
ることが定められている（横浜市 2012a,p.6）。協働事業の実施段階で、団体
と行政が事業の目的や役割分担等を話し合って決め、「協働協定書」を締結
するという形は横浜市では先進的な試みであった。3年間のモデル事業実施
を進める中で、協働のプロセスはモデル事業以外の協働事業にも広がり、ま
た市民の中にも新しい公共の担い手としての意識が芽生えていった。例え
ば、2006年度に採択された「港南台中央公園プレイパーク事業」では、その
後、横浜市としてプレイリーダーに対する助成が制度化され、また研修事業
にも取り組まれることとなり、2012年6月時点で市内19か所設置されている
（横浜市民局協働推進課）。この3年間で多くの区や局に、提案型の協働事業
や活動支援事業の制度が創設された。特に区においては、「地域福祉計画」

の策定に伴って、市民の自主的な活動を支援していく観点から、新たな制度が創設された（横浜市協働事業提案審査委員会 2006）。

　また、協働マインドの醸成を図るため、行政職員を対象とした協働研修が毎年実施されている。採用・昇任等の機会に、協働の有効性や協働していく上でのポイントを学んだり、e ラーニングで協働について学べるようにしたり、工夫を凝らしながら実施されている。

（2）三重県

　三重県は、住民参加のまちづくりということを積極的に取り組んできている自治体の一つである。三重県では1990年代から市民セクターが公を担うしくみや環境づくりのために、NPO 室の設置や各県民局への NPO 担当職員の配置、みえ市民活動ボランティアセンターの開設、みえ県民交流センター運営などが行われ、NPO 室では、市民とともに NPO に関するさまざまな取り組みが行われてきた。1997年より、住民、市民団体、企業、社会福祉法人、行政職員等多様な主体が連携し、新しい三重を作ることが目指された。1998年には、NPO と行政の協働のあり方について検討するために、みえNPO 研究会が発足し、多くの県民が会議に参加し、熱い議論の末、「みえパートナーシップ宣言」が策定された。これは、三重県で初めて NPO[1] が公的な事業推進の担い手として認知されたもので、三重県の協働の原点となった。そして NPO の人材育成や交流支援事業、NPO が地域で定着するための基盤づくりの取り組みなどが進められていった。

　2003年度から NPO 自ら企画した事業を三重県に提案し、NPO と県の担当課が一緒にワーキング形式で議論・検討して事業内容を練り上げ、実施につなげる協働事業提案方法が2003年度から 2 ヶ年の試行事業として開始された（初年度は13事業提案中 3 事業採択）。けれども、三重県が独自に開発した協働事業ふりかえり会議（市民参加による協働事業評価のしくみ）を行う中で、「行政主導である」、「相互理解が不十分である」等のさまざまな課題があがり、その結果、「NPO 活動支援」の取り組みから「NPO と行政の協

働の推進」に重点を置いた施策が展開されていくこととなった（三重県2005,p.1）。

　2004年度には、三重県総合計画「県民しあわせプラン」にて「新しい時代の公」が基本理念の一つとして位置付けられた。この「新しい時代の公」の推進を図るため、協働方法を検証し、協働のしくみづくりに向けた提案を導き出すことを目的に、全部局横断的に県職員が集う協働ワーキンググループが設置され、協働の課題に対してさまざまな議論が重ねられた。庁内協働ワーキンググループでは、望ましい協働事業の形成プロセスを検討する中で、市民と行政間の役割分担や本来的役割、将来的役割や仕組みについて議論が重ねられ、その検討結果が2005年「パートナーシップ宣言ステップ２！」、「市民と行政とが協働するための行動提案書」としてまとめられた。

　「お互いの立場の違いを理解すること」と「対等な立場で話し合う姿勢を確認し合うこと」を協働の前提とし、それを両者が確認し、協働事業ごとに必要な約束事を協定として相互で取り交わすことや、望ましい協働事業を推進していくための必要な取り組み計６項目から構成されている。また、協働を難しくさせる課題とその課題を克服し、協働を推進するための仕組み上の改善ポイント等についてもまとめられた。①協定書づくり（委託契約の内容を協働に対応したものにし、契約の条項中に別途協定書を締結する旨の規定を置く等）、②事業企画・実施のプロセスに対応した契約方法（無償と考えられがちなNPOの労力等を評価する協働事業提案の企画料の保障や、互いの資源を持ち寄り、成果も双方に帰属するという協働の考え方に沿った内容の契約条項とする等）、③ふりかえり会議成果の事務事業評価への反映（協働事業自己チェックシートを考案し、ふりかえり会議による協働事業を評価するしくみを開発等）、④コストの分担と事業構築のための予算のしくみ（ふりかえり会議での気付きを次年度の予算編成に反映する等）、⑤人事の仕組みづくりと行政とNPOの人材交流（全庁的に推進するための「協働推進組織」の設置や職員の研修等）、⑥公の施設の使用に関する運用方針の見直し（行政財産の目的外使用に際し、協働事業については積極的な利活用がで

68

きるようにする等）、である（三重県 2005,p.16-19）。

2008年には、三重県政策部企画室で、「新しい時代の公」について検討され、その取り組みの一つとして協働のあり方や仕組みについて提言がなされている。協働のための具体的なツールとして、「協働委託契約書」、「協定書」、「企画運営見積書内容」、「NPOの企画料保障」、「資源提供確認リスト」、「強み・弱み確認シート」、「具体的役割確認リスト」があり、協働の特質に応じて使い分けられている。このような三重県で設定された協働方式は、英国のコンパクトや、神奈川県の前例を参考にして作成されている。

けれども、2012年に県知事が変わったことを契機に、協働の代わりに、三重県総合計画「みえ県民力ビジョン」の基本理念として『協創』が位置づけられた。この「みえ県民力ビジョン」では、協働による成果を生み出し、新しいものを創造していくことを協創と呼び、力を合わせて新しい三重を創る「県民力による『協創』の三重づくり」を目指すことが示されている（内閣府 2012）。けれども、長年チャレンジされてきたNPOと行政との協働の仕組みづくりは止まってしまう。継続されてきた協働事業提案制度も、2012年度をもって終了となっている。

（3）愛知県

愛知県は、NPO法人数が500団体を超え、多様で先駆的なNPO活動が展開されており、2003年1月のあいちNPO交流プラザの開設を契機として、NPOと行政の協働の新たな取り組みが始まり、協働の本格的な展開が期待される状況となった（NPOと行政の協働のあり方検討会議 2004,p.1）。2004年に「あいち協働ルールブック2004」が全国に先駆けて発行された。このルールブックは、NPOと行政の協働に関する基本的な考え方である「意義及び原則」と、企画立案、実施、評価の各段階でのNPOと行政がそれぞれ守るべき「基本姿勢」の二つを柱として構成され、愛知県庁全体でその理解と浸透が図られた。この中で、行政がNPOから提案を受ける方法として、「公募により提案を受ける方法」、「協議の場を設定したうえで提案を受ける

方法」、「NPOから随時に提案を受ける方法」のほか、「審議会、協議会への NPOの参画」などがあげられており、その方法、効果が具体的にルールブックに明記されている。

　協働ルールブックによる協働を評価・検証するために、NPO関係者、県・市町村職員で構成する「NPOと行政の協働に関する実務者会議」を設置するとともに、庁内関係者による愛知県NPO活動推進会議、NPO関係者と行政職員とのテーマ別意見交換会、県職員対象のNPO研修会の開催などを通して、県内の協働は着実に拡大しており、2004年度と2010年度を比較すると、件数で約1.5倍（68件→101件）、金額で約5.5倍（64百万円→354百万円）に増えている（愛知県2010,p.5）。行政からNPOへの委託事業の対価が十分に確保されておらず、NPO活動の継続に困難を生じ、ひいては公共サービスの低下につながる危惧があり、その適正化を図る必要があるとの問題意識に基づき、2007年10月に「行政からNPOへの委託事業の積算に関する提言」が発行されている（愛知県 2010,p.6）。その提言の内容は次の3点である。①事業内容に見合った適正な人件費単価で積算することが必要：事業実施においては、企業等との公平性を考慮しながら、事業の内容に見合った適正な人件費単価で積算することが必要。②事業を実施するために必要な経費を忘れずに積算することが必要：事業を実施するために必要となる作業及び経費を適正に見積もり、過不足なく積算する必要がある。③団体継続に不可欠な間接費を適正に（直接費の30％以上）計上することが必要：委託事業に係る間接費は、NPOの実態に即して、活動を安定的に維持できる金額（最低限直接費の30％以上）を計上する必要がある（愛知県 2007）。

　またNPO・行政等が特定の課題について協議する場の適正な設置・運営方法を検討するため、2007年度は「協議の場づくり事業」が実施された。モデルケースとして設置された協議の場においては、中間支援NPOがコーディネーター役となり、NPO・行政等の参加者が課題解決に向けて協議できるよう進められた。さらにNPOとの協働の成熟をめざす上では、事業の実施段階における協働はもとより、事業を企画立案する前の段階から中長期

的課題を共に協議し、問題意識を共有するとともに、今後の課題解決の方策
を探っていくことが重要と考えられた（愛知県 2010,p.6）。

　そこで「協議の場」を活用して「協働ロードマップ」づくりを推進するた
め、2009年「協働ロードマップ策定手順書」が作成された。協働ロードマッ
プとは、行政、NPO を中心とした公共を担う各団体が、中長期的な視点に
立ち、県政各分野における特定課題をテーマごとに協議することにより、問
題意識やビジョンを共有し、連携して公共サービスの向上を目指す方向性を
示すものであり、「あいち協働ルールブック2004」に基づく NPO と行政と
の協働を、より一層レベルアップ（質的向上と量的拡大）させるためのもの
である。2009年度は、この「協働ロードマップ策定手順書」の全庁的な普及
を図るとともに、特定課題ごとの「協働ロードマップ」づくりを促進するた
め、社会活動推進課と関係部局が連携して、協働ロードマップ策定に係るモ
デル事業（事務局委託方式 1 件、事務局直営方式 2 件）が実施された（愛知
県 2010,p.6-7）。

　助成事業としては、2007年 8 月に「愛・地球博」の収益金の一部が活用さ
れ、意欲のある NPO を資金面で支援するためのあいちモリコロ基金が公益
信託により設置された。助成期間は2007年度から10年間で、助成総額は約12
億円であった。2010年度前期までに1,293件の応募があり、助成決定したの
は542件354,390千円。2009年度の助成件数を活動分野別に見ると、環境保全
29.7％、子どもの健全育成16.1％、保健・医療・福祉の増進とまちづくりの
推進がそれぞれ12.9％であった（愛知県 2010,p.8）。

　協働の具体的な成功事例としては、知多地域成年後見センターの立ち上げ
などがある。2003年、NPO 法人地域福祉サポートちたに「知的障害の息子
（成人）を持つ母親が医師から余命半年と宣告され、成年後見人をつける必
要があるがお金が払えない、どうしたらいいか」という相談が持ち込まれ、
福祉関係者や弁護士で議論した結果、同法人が無償で後見人になるという結
論を出した。その後行政に対して成年後見制度の必要制度を訴え、普及啓発
活動を続けた結果、2007年にようやく社会福祉協議会と同法人で知多地域成

年後見センター設立準備会を立ち上げ、5市5町の負担金で運営する「NPO法人知多地域成年後見センター」が2008年4月にスタートした（愛知県2010,p.2）。

　愛知県におけるNPOと県の協働事業の予算額は、2004年64,258千円（68カ所）であったものが、2019年には479,218千円（90ヵ所）に増えている。2019年にNPOと行政の協働に関する実務者会議から、「『あいち協働ルールブック2004』に基づくNPOと行政の協議・検討結果〜中間支援組織（市民活動センター）の強化〜」が発表されている。

（4）名古屋市

　名古屋市では、1995年に名古屋市ボランティア情報センターが開設され、2000年の「名古屋市NPO懇話会報告書」にて、公益実現のためのNPOと行政との協働における基本方針が検討されたことが示されており、2001年に「市民活動促進基本指針」が策定された。2003年に「NPOと行政の協働の仕組みづくりに向けて（提言）」が出され、2004年から「NPO提案公募型協働事業」が開始された。2009年度までにNPOからの提言や庁内ワーキング等を通じて検討を重ね、2010年「市民活動との協働促進に向けた庁内研究会」（各局協働実績を有する課の担当係長等で構成）、「名古屋市市民活動促進委員会」（NPO関係者・学識経験者・関係機関等で構成）が設置された。2011年に発表された「市民活動団体との協働の手引書」には、まちづくりの多様な担い手の中でも特にNPOと行政との協働に視点を置き、基本的な概念や実践的な手法を中心にまとめられている。その手引書の中で協働とは、「複数の主体が、それぞれの自主性・自発性のもとに相互の特性を認識・尊重しながら役割分担し、公共サービスを提供するため、協力・協調すること」とされ、協働の基本原則として、次の5つがあげられている。①目的・目標の共有、②相互理解：互いの立場や特性の違いを認識し対話を進めて相互理解を深めること、信頼関係を築くこと、③対等の関係：NPOは行政の下請けではなく、相互の自主性・自律性を尊重すること、④透明性の確保：協働事

業の企画・立案・実施・評価の一連の流れを通じて、事業に関する情報をできるだけ市民に公開し、透明性を確保すること、⑤評価の実施：目標とした成果が得られたか、協働の効果が生まれたか、NPO と行政相互で評価・点検し、課題を次の協働に活かし、市民への説明責任を果たすこと（名古屋市2011,p.16-18）。（この基本的原則は2004年に愛知県が作成した「あいち協働ルールブック」においても示されており、作成段階から NPO と行政とで一緒に議論を行い、県内の NPO と行政の共通ルールとして広まっている。）

　次に、協働のプロセスとして、①意見交換、②企画立案、③実施、④評価・見直しの４つのステップに分けられ、具体的な進め方が手引書の中で示されている。企画立案にあたっては、お互いの資源の認識と情報の共有、課題・目的・成果目標の確認と再検討、役割・責任分担の明確化、経費負担の明確化を行い、それらを双方で確認、合意した上で、契約・協定を締結するとされている。実施にあたっては、事前に中間目標等を設定し、定期的に行政と NPO 双方が事業及び協働に関する中間評価を行い、意見交換を行うこととされている。評価・見直しにあたっては、振り返りシートの作成や意見交換や反省会の機会の設定をし、結果を公表・情報公開することとされている（名古屋市 2011,p.32）。

　協働の手法としては、指定管理者制度、委託、事業共催、補助・助成、後援、事業協力、アダプト制度、実行委員、参画などがあるとされている。このうち委託については、従来は行政側で作成した仕様書の通りに進めるものであったが、新しい委託の形として仕様書作成段階から NPO の意見を聞き、現場のニーズを捉えることで効果の高い事業が期待できるとし、この委託を通常の委託と区別をして、「協働委託」とされている（名古屋市2011,p.37）。2010年度、2011年度の協働実績は次の通りである。

　①地域の実情を考慮する必要がある活動（子育て支援、子どもの見守り、防犯防災活動、高齢者訪問や配食サービス、一人暮らし高齢者支援など）、②個別ニーズに合わせた柔軟かつ迅速な対応が求められる活動（子育て支援、不登校児への支援、一人暮らし高齢者支援、災害時のボランティアの派

遣、若者の自立支援など）、③広く市民の参加や実践を求める必要がある活
動（環境活動、まちの美化活動、ガイドボランティア育成など）、④NPO
の専門性が発揮できる活動（障害者支援、DV被害者支援、子どもの虐待防
止、起業家教育）、⑤行政・企業に先駆けて行われている先進的な活動（DV
被害者支援、児童虐待防止、不登校児への支援、若者の自立支援）（名古屋
市 2011,p.35-36）。また手引書の中では、NPOと行政の協働についてだけで
なく、NPOと企業の協働についても一部取り上げられている。NPOと行政
の協働の意義として、「より豊かな市民社会の実現」、「公共サービスの質の
向上」、「担い手の多様化」が示されている。NPOと企業の協働の意義として
は、「民間活力による効果的な地域課題解決」、「市民活動の活発化」、「企業
の社会的責任の強化」があげられ、NPOと企業の協働の基本原則はNPO
と行政との協働と同様に、「活動の目的・目標の明確や、共有化」、「相互理
解、対等な関係」、「情報公開・収集」が示されている（名古屋市 2011,pp.25-
26）。けれども、NPO提案公募型協働事業は、2008年で終了されている。

2. 事例研究「三重県MY TREE ペアレンツプログラム事業」

（1）調査の目的

　地域福祉の場における、持続可能な公共空間の形成のために、政府セク
ター、市場セクター、ソーシャルセクターそれぞれの長所を重ね合い、相互
協力のもとに市民社会を構築していくことが不可欠となっている。現存する
社会問題に対応するために、行政の画一的なサービスでは解決することがで
きず、多元的なサービス供給主体によって創意工夫のもと取り組まれていく
ことが必要である。そのサービス供給主体の中でも特に、市民の自主性によ
り組織されたNPOは、市民のニーズに気づいて対応する柔軟性を兼ね備え
た市民社会を構成する上で重要な構成員である。けれども、社会福祉の向上
と増進の責任を担っている行政とNPOとの協働は、同じ目的を掲げていた
としても難しい現状がある。そのような中、実践として自治体独自の行政と

NPOとの協働方法について模索され、協働条例や協働のためのツール開発等行われてきている地域もある。そこで本章では、協働の仕組みづくりを先駆的に行った三重県を取り上げ、協働の仕組み及び行政とNPOの協働の現状を詳しくみていく。なお、本章は、2008年に行われた調査結果である。

（2）調査の対象

　本調査は、三重県で行われている『MY TREE ペアレンツプログラム事業』[2]から、行政とNPOの協働の現状を分析することとした。事例対象に当該事業を選定した理由として以下の3点があげられる。まずは、三重県は英国モデルの協働スタイルを早い時期から採用し始め、パートナーシップ宣言の公布や、県庁にNPO課を設置している等、協働に力を入れていた点である。そのため、三重県は協働の開拓者的存在であると認識し、今後の行政とNPOの協働のあり方が垣間見やすいのではないかと考えた。第二に、児童虐待防止活動の中でも、加害者支援は最も困難を要する分野の一つであり、特に行政とNPOとの協働による対応が強く望まれている点である。選定したMY TREE ペアレンツプログラムは、実績及び定評のある児童虐待加害者支援プログラムであり、関西地方を拠点に行われている。したがって、実施しているプログラム内容が安定しているため、より両者の関係に焦点化して調査できると考えた。第三に、当該事業のもと、両者は既に4年間の協働関係にある点である。より深い関係性の構築や組織間関係の変化、両者間の時系列の変化が見られると考えたからである。以上の理由から、三重県児童相談センターとエンパワメントみえが行っているMY TREE ペアレンツプログラム事業を本研究課題の検討にあたって最も適切な条件を有した事例であると判断した。

　調査は、「行政とNPOが協働する際にどのように関係性が構築されているか」、「両者は対等な関係性を築けているか」といった疑問点から、同じ協働事業について、行政側とNPO側の立場からの認識を捉え、両者が構築している協働について正確な事実関係の把握を行うことを目的に行われた。

（3）調査方法

　研究方法として、関連資料による文献研究とインタビュー調査を採用した。三重県訪問の前に、公開されている当該事業に関連する資料を入手し、「児童虐待防止地域体制推進事業継続事務事業目的評価表」、報告書、ニュースレター、予算書、出版物、条例、ワーキングペーパー等の資料にあたった。インタビュー調査は、2008年11月にエンパワメントみえの代表者志治優美氏と三重県児童相談センター家庭自立支援室長の榎本英典氏を対象に行い、セミフォーマルインタビューによる聞き取り調査を行った。インタビューは、事前に了承を得て、IC レコーダーにて録音した。面接で録音された口語データは、すべてテキストデータに変換し、インタビュイーに送付し、聞き取った内容の事実関係の正否の確認を依頼した。一部表現方法や内容については、インタビュイーに再度聞き取り、加筆修正を行い、データとして使用した。

　次に、全てのテキストデータをカードとして切り分け、両者の関係を構築している主要要因に着目して、カテゴリー分類・整理・統合を行い、データ解釈を行った。オープンコーディングを採用し、テキストデータを１行ごとにコードを記入し、小見出しを付けた。

　また、MY TREE が発刊している MY TREE ペアレンツプログラム実践報告書内に掲載されている『2005年12月に三重県健康福祉部医療政策監兼保健医療分野総括室長の西口裕氏へのインタビュー録』と、『2005年12月に三重県児童相談センター所長の上廣正男氏へのインタビュー録』、『児童虐待防止地域体制推進事業継続事務事業目的評価表』、報告書、ニュースレター、ワーキングペーパーの資料を、事実確認のための補足資料として活用した。

（4）調査結果
①事例先の概要
・三重県児童相談センター

　1998年４月に、三重県県民局の充実強化、組織の総合化という流れの中

で、既存の11箇所の保健所、7箇所の福祉事務所と5つの児童相談所が統合され、9つの生活創造圏ごとに県民局保健福祉部が設置された。急増する児童虐待問題に、それまでの組織形態では対応できなくなっていたことや、市町村が児童相談の第一義的相談窓口の役割を担うことを、児童福祉法改正で求められるようになったことを受け、2005年にその機能や専門性を高めるために、津市に児童相談センターが設立される。児童相談センター内には、総務・企画調整室、家庭自立支援室、虐待対策支援室、一時保護室が設けられた。

・エンパワメントみえ

　社会の中で、少数派の人や、社会的に力を与えられていない人たちをエンパワーすることを目的として活動しているNPO団体である。前身がCAPみえである[3]。エンパワメントみえのスタッフは、CAPみえのメンバー4人、女性団体所属の者1人、桑名の市民活動家1人と代表者の志治優美の7人で構成されている。その活動は、エンパワメントの考え方に関する講演会等に、講師を毎年約50件程派遣している。今まで、三重県児童福祉審議委員、桑名市虐待防止ネットワーク委員、チャイルドライン24理事、チャイルドライン受け手養成講座講師、児童虐待防止学会三重大会市民プログラム実行委員等の地域活動にも参加している。組織として作成されえた書類等は、銀行口座を開設するために規約を作成したのみで、会員制については、今後の導入を考えているところではあるが、現在のところ会員制度はない。また、法人化することにメリットを感じておらず、法人格を有しないNPO団体のスタイルを選んでいる。運営金は、寄付金及び助成金は一切得ておらず、スタッフがエンパワメントみえの講師としての活動で支払われた講師料の1割を団体に納めている。

②協働の経緯

【協働前期　1997年～2003年】

CAP みえが、三重県で CAP 活動を広めようとしていた時期に、県内で CAP の概要と考え方を学ぶ学習会を開催していた。今後 CAP のワークショップを受けた子どもや大人たちが、児童相談所や関係機関に繋がることがあるため、その挨拶も兼ね、志治は三重県北勢児童相談所所長の上廣正男と中勢児童相談所長の西口裕に、学習会に出席してもらうよう依頼した。上廣は以前「バリアフリー戦略プラン」の仕事で、MY TREE ペアレンツプログラムの開発者である森田ゆりの講演会を聴きに行き、エンパワメントの考え方を学んでいた。そのため、森田が行っていた CAP プログラムにも信頼を寄せており、CAP みえを応援するようになっていった。そして上廣と西口は、児童相談所をはじめとする行政内部や民生委員に向けて、エンパワメントの考え方を広めていく。例えば、ある政策の中で、エンパワメントという言葉を使っていた際、その言葉の意味を、「外からがんばって勉強して力をつけていく」と県職員は誤認していたので、上廣は森田を講演者として招致し、県職員に向けた講演会とワークショップを開催し、エンパワメントの真の意味を広めていった。こうして CAP みえの活動は、県内の児童相談所でも理解され、職員たちとも交流がうまれていく。CAP みえ自身の活動も教育現場をはじめとして広まっていき、児童虐待防止ネットワークが県内に立ち上がった際に、ネットワークの構成委員となる。児童相談所関係者とCAP みえは、ネットワーク会議の度に顔をあわせ、地域の虐待ケースの情報を共有する関係性となっていった。

【協働開始期　2004年】

　2004年3月に三重県議会にて、「子どもを虐待から守る条例」が、議員提案によって制定される。この条例では、次代を担う子どもの心身の健全な発達に寄与することを目的とし、県民全体で虐待から子ども守るための取り組みのあり方などが定められる。その第17条にて、「県は、市町又は関係機関等と連携し、保護支援指針に基づき、虐待を行った保護者に対し、その虐待を受けた子どもとの良好な関係を再構築するための指導の徹底等に努めなけ

ればならない」と定められた。この条例に基づき、児童相談センターとして
も親支援に本格的に乗り出さなければいけないという状態であった。また、
以前から親支援は MCG（Mother & Child Group）など行っていたが、顕著
な効果がみられなかった。職員たちも家族支援の研修を継続して受けてきて
はいたが、実践することは難しく、家族再生は児童相談センターの課題とし
て残っていた。また、家族再生支援の中心的存在であった心理職員たちの退
職が重なったりと、親支援は行き詰まりをみせていた。

　そのような中、以前から交流があったエンパワメントみえから、MY
TREE ペアレンツプログラムがあることを聞き、児童相談センターの中で、
プログラム取り入れに対して、積極的に考慮するようになっていった。そこ
で、上廣が三重県の協働提案事業に、MY TREE ペアレンツプログラムを
提案することをエンパワメントみえに勧める。しかし、提案するものの、参
加者が10名定員のプログラムで、公益性がないと判断されてしまい、企画は
通らなかった。けれども、審査員が子ども家庭室担当者で、協働事業提案事
業には採用できないが、子ども家庭室では必要な企画だとし、改めて児童相
談センター内で予算化される事業となった。

　こうして、MY TREE ペアレンツプログラムの事業化へ向けて、話が円
滑に進んでいく。けれども、エンパワメントみえ側も、これからMY
TREE ペアレンツプログラムを導入しようというところだったため、事業
実施に向けて慌ただしく準備が進められる。その間、エンパワメントみえ側
はファシリテーターの資格を取得し、プログラムを行える人員を揃え、児童
相談センター側は、事業実施に向けて整備していた。そして、児童相談セン
ター総務・企画調整室の主査であった森本良一が、「虐待者を対象とした回
復支援プログラム（MY TREE ペアレンツプログラム）の実施について（伺
い）」と標題をつけ、2005年8月22日付で起案する。その後3年間の「児童
虐待防止総合対策事業費」の予算が成立した。

【協働中期　2005年〜2008年】
　事業が実際に開催され始める。プログラム準備期間中、児童相談センターの担当者とエンパワメントみえのスタッフは、電話で作業等の打ち合わせや連絡を行い、事業開始直前から毎週顔を会わせるようになる。事業実施中の４ヶ月は、実施する当日朝に打ち合わせて、実施後の夕方にふりかえり会議を行う。話し合う際には、お互い気兼ねなく好きなことを言い合い、何でも電話一本で自由に相談できる関係であったという。時折話し合いの後に、仕事とは切り離して飲みにいくことも行われていた。けれども、エンパワメントみえと関係を築いてきた行政側の職員、上廣、西口、森本が異動してしまい、西澤も定年退職を迎えてしまう。効果が目に見えるようにあったMY TREE ペアレンツプログラム事業を存続させていくために、2008年度より西澤はMY TREE ペアレンツプログラム事業を継続実施していくための非常勤職員として、月に10日児童相談センターで勤務することとなった。新たに担当になった村田と榎本と西澤の３人でMY TREE ペアレンツプログラム事業を担当している。
　この他に、児童相談センターの市町支援の取り組みとして、2005年から2007年まで児童相談担当職員研修会が開催され、『相談援助業務を行う者のエンパワメント』の回では、志治が講師となった。

③協働関係分析
ａ．目的の共有
　虐待をしてしまう虐待加害者に対して支援を行うことが当該事業の目的である。エンパワメントみえは、「誰かをエンパワーすること」を目的として活動を続けている団体であり、MY TREE ペアレンツプログラム事業の目的も虐待加害者をエンパワーすることである。三重県児童相談センターは、「子どもを虐待から守る条例」や「児童福祉法」の改正で、親支援に対する規定が定められていたため、虐待加害者への支援を行うことが業務の一つである。また、従来から児童相談センターで使用していたMCG プログラム

が、顕著な効果を見せなかったり、プログラム担当心理職員が退職してし
まったりしていたため、虐待加害者に対する支援を一新して行う必要性が
あった。

b．役割分担

・人員

　プログラムの中心となるファシリテーターは、エンパワメントみえのス
タッフ 3 人である。MY TREE ペアレンツプログラムのファシリテーター
養成講座を受講し、正式な資格を有している。MY TREE ペアレンツプロ
グラム事業を実施にこぎつけているのが、児童相談センター職員 2 人であ
る。この 2 人が主担当として、事務を行っており、室長である榎本は、会議
と報告会に出席している。また、プログラム実施当日に別室にて参加者の保
育が行われているので、児童相談センターの一時保護所の職員が保育を担当
している。当初の行政側のメンバー 3 名は、順々に異動で他機関へと配属に
なってしまったが、定年退職を迎えた西澤が、今も非常勤で児童相談セン
ターに勤務しており、新しく担当となった職員をサポートし、それまでに
培ってきたエンパワメントみえとの信頼関係をうまく繋いでいる[4]。

・予算

　MY TREE ペアレンツプログラム事業にかかる費用は三重県が負担して
いる。事業開始時は、3 年間の予算を組むことができたが、現在は 1 年ごと
に予算立てを行っている。見積書によると、報酬費675,000円、ファシリテー
ターの自宅から会場までの交通費合計85,000円、スーパービジョンを受ける
ための交通費7,140円 × 8 回が計上されているが、事業実施にかかるファシ
リテーターの準備・フォローに費やされる労力と時間が計上されておらず、
エンパワメントみえ側が、実質ボランティアとして働いている部分が存在し
ている。

・作業

　事業実施のための準備は、5月に児童センターにて、市町職員を対象とした説明会と募集の呼びかけがされ、その後三重県内の公共施設にポスター掲示が行われた。6月中旬に、市町村保健センター、津市小児科医師会、CAPNA、県庁記者クラブ、朝日・中日・産経新聞、三重テレビ、桑名市NPO活動ニュース、まちのかわら版（桑名市）の協力を得て広報活動を行う。7月前半に第1回申し込み締め切り、7月後半に第2回申し込み締め切り、8月前半に第3回申し込み締め切りが設定され、8月初旬に受講希望者への電話スクリーニングが開始され、プログラム受講者が選別された。8月中旬から選別された受講希望者全員との面接が行われ、下旬に最終的な受講者が決定された。プログラム自体は、週1回2時間のセッションを約4か月受講する形で設定された。

　プログラム実施当日の朝に、児童相談センター職員、託児スタッフ、エンパワメントみえのスタッフ3名でミーティングがされ、プログラム終了後にも同じメンバーで、その日のふりかえりや気づいた点などについて、プライバシーに配慮しながらミーティングが行われた。プログラム実施期間中、ファシリテーターはMY TREE事務局で開催される学習会とスーパービジョンに全て出席しなければならない。したがって、当該事業もプログラム実施期間の9月から12月の間は、2週間に1度の割合で、ファシリテーター達がMY TREE事務局がある兵庫まで赴き、スーパービジョン等を受ける。その後、ファシリテーターのみでプログラムのふりかえりが行われている。また、プログラム終了後から3か月を経た後に、受講者のリユニオン（同窓会）が行われることとなっており、リユニオンが2回行われている。全てのプログラムが終了した後は、報告書作成と次年度への準備活動が行われた。

　このように、作業の大まかな役割分担としては、プログラムの中身を実際に実施するのはエンパワメントみえであり、プログラムを実施するための予算関係の事務業務や、会場準備、当日の保育、広報活動は児童相談センターが行っていた。

・資源

　行政側が、今回のプログラムで提供した資源は、MY TREE ペアレンツプログラム事業実施費用、開催場所、別室保育室を担う保育士、広報資源であった。事業費については前述したが、開催場所は三重県中心の津駅からさほど遠くない好立地である三重県津庁舎（保育場所は津庁舎内保健所）で行われている。エンパワメントみえ側が提供した資源は、MY TREE ペアレンツプログラムを実施できる資格を持っており、専門的知識を有するファシリテーターと、MY TREE ペアレンツプログラムであった。

c．主導権

　事業を次年度実施するかの決定権は、児童相談センター側にある。センター内で次年度の事業案が通ったら、予算化し、プログラム実施に向けての事務的作業を進めていく。エンパワメントみえ側は、初年度の 3 年間を過ぎた後は、1 年毎に来年度も MY TREE ペアレンツプログラム事業ができると思っていいと児童相談センター側から伝えられる。

　一方、プログラム自体の進め方については、エンパワメントみえ主導で行われている。「自分たちが提案したプログラム実施計画や要求がほとんど通っている」と志治も述べている。

d．情報共有

　参加者の情報すべてに守秘義務が発生している。虐待事例として児童相談所と繋がっているケースについては、児童相談センターが情報を保持している。中には、エンパワメントみえとのみ繋がっている受講者もいる。MY TREE ペアレンツプログラムでは、受講者が本名を明かしあわず、特定ができないよう MY TREE ネームというものをそれぞれがつけ、全員その呼び名でプログラムを受けている。けれども、危険度が高いとファシリテーターが判断した場合、本人に告知してから関係機関に連絡をとる旨を受講者から了解を得ている。両者ともそれぞれの立場があるので、各々の判断で、

伝えられる範囲で情報共有している(5)。

e．モニタリング

　プログラム終了後に受講者にアンケート調査への協力を依頼している。その集計を報告書として毎年まとめ、関係者に向けて報告会を行っている。2009年には、MY TREE 事業開始からちょうど5年を迎えるので、5年間の蓄積を報告書として作成し、改めてふりかえりを行う予定だという。(インタビュー時)

f．協働の認識

　総務・企画調整室の森本が、四季報エミール（三重県児童相談センター2006b）にて、2005年度の MY TREE ペアレンツプログラムについて寄稿しているものによると、「当センターでは、平成17年度に市民活動団体"エンパワメントみえ"と協働し、"MY TREE ペアレンツプログラム"を実施しました。」と書かれてある。エンパワメントみえの、MY TREE ペアレンツプログラム報告書（エンパワメントみえ 2006）では、「このプログラムは、三重県児童相談センターとエンパワメントみえの協働事業として行われた」と記述されている。けれども事業の広報物には、「主催：三重県、実施主体：エンパワメントみえ」と記載されている。児童相談センターへのインタビューでは、「他県では委託事業として予算を組んで行っているが、三重県は委託契約書もなく、協働事業といっても県主導で MY TREE の技術を活用する。つまり三重県の事業として実施しているので、委託ではない。」と、話されている。これにより、児童相談センター側は、文書等で表す際には"協働"という言葉が使われているが、あくまで県事業で、県ができないプログラム提供の部分のみをエンパワメントみえに補ってもらっている『協力』としての認識であった。一方、エンパワメントみえ側は、この関係性の形態を『委託』と捉えていた。したがって、この協働関係の捉え方には、行政側と NPO 側で相違が生じていることがわかった。

g．協働の利点

　エンパワメントみえにとっての協働の利点は、児童相談センターから MY TREE ペアレンツプログラム事業を受けた方がよい受講者を紹介してもらえたことにより、本当に親支援プログラムが必要な人とつながることができた点である。プログラム終了後も、ファシリテーターが、何かあった時の緊急連絡先として参加者に児童相談センターを設定できるということが、参加者に安心感を与えることができた。さらに、市民団体ではなく、三重県が主催という点で、一般的にプログラムへの信頼度が高くなったという点や、アクセスが良い三重県津庁舎を使用することができた点である。

　児童相談センターにとっての協働の利点は、親支援の実践が、専門の市民活動団体が行っているということで、行政が実践するよりも参加者は安心できたことであった。四季報『エミール（三重県児童相談センター 2006b)』では、「児童相談所は児童虐待の対応機関であり、参加希望者に拒否感が生じる恐れがあることから、プログラムの実施に際しては、NPO と協働することとしています」と書かれている。また、児童相談所として MY TREE ペアレンツプログラム事業を導入したことは初めての事例であるので、三重県はこんな事業をやっていると胸を張って言えるようになったという点であった。また、協働することで、経費削減にもつながっていた[6]。

h．協働の問題点

　エンパワメントみえは、自分たちに支払われる講師料と交通費のみが知らされているだけで、その他に使われている事業費のことや総額を把握していなかった。エンパワメントみえ側からは、今後予算立ての作業から一緒に相談しながらやっていきたいという意見がだされていた。児童相談センター側も、事業費の関係で、両者に若干問題があるとの認識があった。また、エンパワメントみえのスタッフは、虐待で悩む受講者から出てくる負の気持ちやエネルギーを全て受け止めることによる精神的ダメージや、プログラム実施時間は 3 時間だが、プログラム準備とふりかえり会議、ファシリテーター間

のみのふりかえりを含めた実質的にかかる時間が長いことから、プログラム実施中は、スタッフの心身状態が過酷な状況になるという。また、森田のスーパーバイズを受けるために、会員費とスーパービジョン費用約20万円をMY TREE 事務局にエンパワメントみえが支払っている。ボランティア団体といえども、持ち出し分が多く、実質労働と対価が見合っていない状況が見受けられた。このように、予算についての情報が共有されていないこと、両者の合意のもとで話し合いがされていないことが、しこりとして大きくなり始めていた。

3. 小括

　この事例で何よりも顕著であったことは、児童相談センターとエンパワメントみえとの信頼関係の良さである。本研究では、信頼関係に影響するセグメントはほとんど現れなかった。両者とも顔が見える関係で、お互いをよくわかっていると繰り返し発言している。普段のコミュニケーションの良さと供に、エンパワメントという理念の共有がなされた上に、約10年間もの関係性が構築されてきた。また、一般的に行政側の人事異動により、築き上げられてきた関係性が遮断されてしまうことも少なくない中、職員配置に配慮し、関係性を大切にしてきた工夫がされている。

　けれども、確固たる信頼関係や、対等な資源交換が成されていても、次年度事業実施の話し合いや予算立てといった政策過程には、エンパワメントみえは参加できていない。この MY TREE ペアレンツ事業のリーダーシップ・運営決定権・責任は、児童相談センター側にある。また、両者は正式な契約を行っておらず、資金の形態も個人への支払いが報奨費の項目で支出されていることから、委託ではなく補助の形態がとられているといえる。したがって、この協働関係は、資源交換次元の相互依存関係にあり、責任は全て三重県側となっていることから、三重県児童相談センターにパワーが偏り、対等な関係にあるとはいえない。対等な協働関係になるためには、エンパワメン

トみえが政策過程に関わり、事業の中身を検討する場に参加する必要があり、事業実施にあたりその責任を行政とともに共有しなければならない。真に対等なパートナーシップ関係の上での協働には、信頼関係の構築、資源交換の対等性の他に、政治的次元の共有という要因が求められる。

注釈

(1)　三重県では、NPO とは、「NPO 法人及び法人格を持たない市民活動団体」を指す。2008年度みえ市民活動ボランティアセンターが把握している NPO 数は613団体である。

(2)　MY TREE ペアレンツプログラムとは、虐待をしている親の行動修正を援助するために、森田ゆりがアメリカのペアレンティングプログラムを参照して開発したプログラムである。"エンパワメント"と"レジリアンシー"を主軸概念として採用し、虐待をしてしまう親の"セルフケア"と"問題解決力"を回復することで、虐待行動の終止に導くことが目的とされている。参加費、保育費は無料で行っており、1回のプログラムは、10人の親と 2〜3 人のファシリテーターで構成され、毎週または隔週で計15回開催される。

(3)　エンパワメントみえの代表志治が、1996年に CAP みえを創設する。その後鈴鹿市・桑名市で CAP プログラムを広めていき、現在では県の教育委員会安全教室に組み込まれ、毎年予算化されている。しかし CAP 活動中に出会った虐待ケースにより、虐待を行っている親のケアが何もされていないことに気づき、MY TREE ペアレンツプログラムを始めていく。子どもの立場に立つ CAP とはやっていけないと判断したことから、エンパワメントみえを2000年に創設した経緯である。

(4)　三重県では、人事異動による担当者が築いてきたネットワークが途切れることのないよう、主務者・副務者の最低 2 名体制を確保することが全庁で実施されている。

(5)　志治"参加者との約束の中で守秘の例外としてあります。危険な場合には告知してから通報すると。必要なときは児童相談所のほうに直接本人に聞いてもらうようにしています。決して私たちが代弁しないということですので、お互い直接聞くように、どのように伝えたらいいかというご相談にはアドバイスしています。そしてそろそろ MY TREE が終わるときに、やっぱり公的な専門機関とつながっていたいとおっしゃる方には、近くの行政機関を紹介するとかそういうつなげることはありますね。"

(6)　上廣"予算、予算って言いますが、なんとかなるもんですよ。例えば、MY TREE のプログラムが手く行って、分離している子ども一人を引き取れたとするでしょう。一人の子どもを施設で 1 年間預かったとすると、それだけでかなりの費用が要るわけで、一人でも引き取れると、それだけ節約にもなるんですよ。"

＊本章は、日本地域福祉学会「日本の地域福祉」2010年 3 月第23巻研究ノート
（pp.132-141）に掲載されたものを加筆修正した。

第 3 章

イギリスの
パートナーシップ政策

第1節　イギリスにおける公私関係の変遷と
パートナーシップ政策

　英国では労働党と保守党の２大政党のもと、長年政権争いが展開されてきた。その中でも特に、公私関係のあり方に対する各党の姿勢は政策の中でも注目されてきた。各時代において公私関係は英国社会構造を反映するものさしの一つになってきている。

1. 前史

　公と私のフレームワークについての初めての記載は、約400年前の1601年「救貧法（the poor law）」の中の「公益ユース法（Statute of Charitable Uses）〔34 Elizabeth I.C.3〕」にある。社会的な救貧に瀕していた当時、博愛や慈善活動の活発な救貧活動等は公共問題の担い手として欠かせない存在として認識されていた。そのような活動に対して公益目的のために、財産管理を信託に譲り渡すことを法律的に認め、信頼性を保障するためにできた制度である。その中で、公益性の判断基準が、①高齢者、無能力者および貧困者の救済、②傷病兵士、学校、大学生への援助、③橋梁、港湾、避難港、道路、教会、堤防、主要交通路の補修、④孤児の教育および就職へ、⑤矯正施設の維持援助、⑥貧困女子の結婚の機会の促進、⑦年少の労働者等の援助、⑧囚人、捕虜の救済、釈放、⑨生活困窮者の租税支払の援助および出生費の援助（Andrew 1994）と明記され、その後の公益性の判断基準とされていた。しかし19世紀に入ると次第に、信託受託者の違反や管理の失当、受託者の失踪など問題が露見し始めた。そこでブローハム委員会（Brougham Commission）が実態調査を行い、その調査結果をもとに1853年「公益信託法（The Charitable Trust Act. 1853）」が制定される。公益信託の監督や、譲渡された後きちんとその意向に沿い活動が行われているか等をチェックす

る監督機能を強化したり、団体の登録・管理・指導を行うチャリティ委員会
が創設された。当時ロンドンには、食事配給所や慰問グループなどの団体が
活動しており、1869年には多様な救済活動を組織化するための慈善組織協会
（Charity Organisation Society；COS）が創設される。慈善組織協会の初期
の原則によれば、自助や倹約をしているにも関わらず不運、疾病、遺棄、寡
婦等により貧困を経験してしまい、自立した生活へ復帰し、積極的反応を示
すであろうと期待できる貧民（the deserving poor）のみが救済に値する
と、そのような者に対して援助活動が行われていた（Johnson 1981,pp.50-
51）。

2.　労働党政権

　大戦後に発足したアトリー労働党政権時代には、不況から安定的な高い経
済成長を遂げる時代を迎える。1942年に発表された「社会保険と関連サービ
ス（The Reort on Social Insurance and Allied Service；ベバリッジ報告）」
を実現する形で、"ゆりかごから墓場まで"をスローガンに、社会保険制度
を中心とした公的扶助・関連諸サービスを統合した社会保障計画が提唱され
た。政府機能を大きくし、国民の生活や産業を国が管理し、公平な配分を行
う福祉国家の誕生である。ベバリッジ報告では、所得補償は5つの巨悪（欠
乏、疾病、無知、不潔、怠惰）に対抗するために必要とされ、「均一拠出・
均一給付の原則」が掲げられ、"所得制限なしの児童手当"、"包括的な保健
サービスの提供"が提起された。これを受けてアトリー政権では、1945年家
族手当法、1946年国民保険法、国民保健サービス法、1948年国民扶助法、児
童法が制定され、国が国民生活のナショナルミニマムを保障する社会保障体
制が整備されていった。これら1945年以降の法制度は、民間組織が政府と提
携して仕事をする余地を残すよう配慮されている（Johnson 1981,p.171）。
　ベバリッジ報告では、主に政府によるナショナルミニマムの保障に言及し
たものだったが、国家責任の領域が広がる中、ボランティア組織の社会的役

割について不安が広がっていたため、ベバリッジは続編として1948年に「ボランタリー・アクション—社会的進歩の方法に関する報告書（Voluntary Action: A report on Methods Social Advance）」を提出する。友愛組合をはじめとする慈善活動は、長年英国社会の変革に深く影響してきており、政府はボランタリー・アクションが開拓した領域でその活動を展開してきた。社会保障は、政府と個人の協働によって達成されなければならないので、政府はナショナルミニマムを確立し、ミニマム以上のことについてはボランタリー・アクションが行うべきとし、政府はボランタリー・アクションのためのインセンティブや機会や責任を抑圧するべきではなく、そのような活動ができるように余地を残したり、奨励するべきであるとした。そのため政府は政府のみで行える、支出を維持するような資金管理を行い、できる限り市民の主導権や起業を可能にするために政府は離れるべきであると報告書では提唱している（Beveridge 1948,p.7、p.319）。

　その後、ボランティア活動を促進するための制度見直しのため、1950年にネイサン委員会（Nathan Committee）が設置され報告書が作成された。この報告書では、チャリティ・コミッションによる監督の強化、チャリティの登録制度の導入、公益概念の明確化、シ・プレー原則の弾力化、信託以外の法人もチャリティと認めるべきということ等だった（塚本他 2004,p.111）。この時代、公共事業執行のためボランタリー組織は政府のジュニアパートナーとして位置づけられ、両者の関係はいわゆる行政主導型の政策で、命令とコントロールを用いたトップダウン式のメカニズムが採られていく。

　その後13年間（1951–1964年）保守党への政権交代を経て、再度労働党が政権をとる。ウィルソン政権が誕生するが、急激に変化する世界情勢に合わず、巨額の財政赤字および破綻が目立っていく。公共サービスの非効率性や低品質が目立ち始め、労働党が掲げてきた福祉国家も精彩を失い、脱ケインジアニズムの方向へと向かわざるを得なくなっていく。1971年に内務省内に民間福祉の担当係が設置され、地方自治体に社会福祉部が創設され、そこにボランティアや民間のグループと協働するための専門に責任をもつスタッフ

が配置される（Johnson 1981,p.173）。

　1978年に「ウルフェンデン報告－ボランタリー組織の未来（Wolfenden Committee Report-the Future of Voluntary Organisations）」が発刊される。ジョセフラウントリー記念財団と英国カーネギー財団から委託されたもので、英国は福祉国家として30年余り経過したが、その後の25年間のボランティア団体の役割と機能を検討することを目的としたものである。この報告では、行政セクターを批判するのではなく、社会における集団行動を拡充・強化していき、インフォーマルネットワーク、市場システム、政府の社会サービスすべてのセクターが協働しあうバランスのとれた多元的システムの構築が謳われている。そのためには、現在のボランタリー組織の弱さである、類似した組織が重複してしまう非合理性や、各々の活動の正式な振り返りをしないといった責任性の欠如といった点を補充するための中間組織（intermediary body）が必要であると提案している。

3.　保守党政権

　サッチャー率いる保守党政権になると、国有産業や福祉国家を敵視した大々的な改革が行われていく。国営企業（英国テレコム、英国ガス、英国航空等）の民営化が実行され、民間主導型路線が主軸となる。民営化とは、政府の関与をできるだけ減らし、市場経済化を取り入れ、公共サービスの外部委託を増加し、財政支出負担を減少させようとするいわゆる経営の質の向上を目指して経営態勢を変えていくものである。政府は公共サービスに内部市場を導入し、市場の原理と自助努力を要求する。官僚的福祉国家型から個人消費者選択型に転換され、NPM（ニューパブリック・マネジメント）とよばれる契約で結ばれる公私関係を採択した。NPM では、政府が運営を担うが、効率性を向上していくために、民間経営手法を導入しようとする経営改革のことである。

　1988年「ネクスト・ステップス（Next Steps）」では、NPM 導入の次に

何をするべきかを描いたものであるが、その中で公私関係は、各省庁の行政執行の役割と政策策定の役割を分割して、前者の行政執行の役割を新しく設置したエージェンシーに任せ、そのエージェンシーは市場原理の上に経営していくというものであった。行政執行の役割を各省庁の大臣がエージェンシーに委託するというエージェンシフィケーションでは、エージェンシーには大幅な自由と裁量権を与えられた。この利点として、無駄な業務や支払いを防止することができることや、報酬と業績をリンクさせて職員のインセンティブを高め、サービスの質を良くすることができること、またエージェンシーの長を公募制とすることで、民間から広く有能な人材を募ることができることなどがある。

　1982年にバークレー報告「ソーシャルワーカー——役割と任務（Social Workers: Their Role and Tasks）」が発表され、マイノリティ・グループに対応する民間部門の必要性や、行政が民間部門と適切に連携することや、共同計画と仕事の分担を承認することが記されている（Johnson＝1989,p.226）。1990年には「国民保健サービスおよびコミュニティケア法（National Health Service and Community Care Act）」が採択され、行政とボランティア組織の契約関係は色濃く国民に浸透していった。政府と契約を結び、サービスを提供していたので、ボランタリー組織は社会サービスの代替的供給者として最大限に活用されることが目指されていた。1990年「効率性の精査（Efficiency Scrutiny of Government Funding of the Voluntary Sector）」では、ボランタリー組織を公共サービスを安価で実施してくれるアクターとみなしていると批判されている。この時代、ボランタリーセクターは政府に対して批判ばかりしていて大変扱いが難しく、左翼系であると政府に認識されており、政府とボランタリーセクターとの関係が非常に悪い時期でもあった。しかし、ボランタリーセクターも、行政の監督下で、行政代行の色彩が強まり、資金面からも行政依存体質が深まり、本来ボランタリー組織が持っていた市民として社会づくりに参加していくという市民性が弱まっていくという傾向がみられるようになっていた。

　1990年メージャー政権が誕生し、公共サービスの質の低下が問題視され、1991年に「市民憲章（Citizen's Charter）」、1992年に PFI（Private Finance Initiative）が導入された。市民憲章では、公共サービスの質の維持を目的に、住民が公共サービスを受ける権利とサービス基準評価を知る権利を有することを明確にしたものである。PFI は、企画立案からデザイン、設計、建設、資金調達、運営管理のすべての工程を民間に委託するという形式である。行政は、サービスの水準を設定し、その取り組みを評価する調整者（enabling force）の役割を担うことによって、サービスの質を維持していた。

　1996年に、NCVO（全国ボランタリー団体協議会）がまとめた「ディーキン委員会（ボランタリーセクターの将来に関する委員会）報告書」と、労働党の「ともに築く未来（Building the Future Together）」にて、ボランタリー組織は政府を補完する機能と政府と共通する価値観といった特別な位置と機能をもつものなので、と結論づけ、政府とボランタリー部門との対等なパートナーシップは社会にとって必要であることが主張された（塚本他 2004,p.202）。

4.　新労働党政権

　1997年に誕生したブレア率いる新労働政権は、新労働党のブレインとされていたアンソニー・ギデンズの影響もあり、第三の道[1]をキーワードとして掲げ、新体制を築いていった。社会民主主義社会を目指すという労働党が目指してきたことを継承しつつ、従来の労働党が行っていた中央集権的な福祉国家体制からは脱却し、保守党が支持してきた社会目的を達成するために市場原理を重要視する新自由主義の方法は採用するという、中道左派のスタンスを保持した。ブレア（Blair 1997,p.9）は、「国家管理、高い税金、生産者利益の追求に専念した旧左翼でもなく、また公共投資や、時には『社会』という観念や集団の努力すらも、触れてはならぬ悪のごとく扱ってきたニューライトでもなく、その双方の枠を超えて決然たる道を進もうとすると

ころにある」と明記している。そして政策価値観として、価値の平等、機会の均等、責任、コミュニティに基礎を置くことを宣言している。こうして、労働党の中でも、従来の原理主義派というより、修正主義を目指す穏健派が、ブレアを擁護し、世間では新労働党（ニューレイバー）とよばれ支持されていった。

　しかし、中道左派故の苦悩として、従来と似たような政策を継承せざるを得ない側面を持っていたため、市場主義をとっていた保守党との違いを浮き彫りにし、かつての労働党と一線を画す必要性があった。そこでブレアは、ステイクホルダーやパートナーシップというキーワードを大きく打ち出し、コミュニタリズム路線をとることを選んだ。また、市場と国家を対立軸あるいは代替軸で捉えるのではなく、補完軸としてとらえ、それらにコミュニティを加えた三者のパートナーシップの役割を強調する中道左派の第三の道を大々的に謳った。特にコミュニタリズムをとる上で重要な登場人物であるコミュニティ・ボランタリー組織との協働は、重要なものであった。旧来の社会民主主義者は、例外はあるものの、多くのボランティア組織とその活動は、政府が提供する公共サービスと比べて、未熟で、気まぐれで、恩着せがましい性質を持っており、疎ましい存在であると捉えていたという（Giddens 1998,p.28）。しかしブレアはコミュニティ・ボランタリー組織との協働について、「団結した社会を達成するために、ボランタリーセクターとのパートナーシップは労働党の政策の中心的な位置づけである。ボランタリー・アクションやボランティアという鼓動は、市民権やコミュニティを再構築するために欠くことのできないものである。（Blair 1997,p.1）」、「進歩的な政治にとって大きな課題は、活発なコミュニティやボランタリー組織を擁護し、そしてそれらが、必要ならばパートナーを組んで新しいニーズに対応できるよう成長を促すために、国家を後押し機関（enabling force）として活用していくことである（idem,p.9）」、「そしていまや、政府は新しい手法を学ぶ必要に迫られている。つまり、民間及びボランタリー部門とパートナーを組んで活動すること、責任を分ち合い権限を移譲すること、予想される問題に柔

	労働党 (1945年－1951年) (1964年－1979年)	保守党 (1951年－1964年) (1979年－1997年)	新労働党 (1997年－2009年)
政治主義	社会民主主義	新自由主義	社会民主主義
概念	コレクティビズム	ネオ・リベラリズム	コミュニタリズム
福祉供給タイプ	官僚的福祉国家	個人消費者選択	地域ネットワーク
公共サービス アプローチ	国有化	市場経済	税負担／市場経済
政府の役割	ナショナル・ミニ マム保障	小さな政府	かじ取り
ボランタリー 組織の役割	ジュニアパートナー	サービス実施主体	市民の社会参加手段
公私関係手段	委託	契約	コンパクト
公私関係	垂直	下請け化	対等

表3－1：政権別公私関係に関する政策の比較

軟に対応しそれらを解決すること、膨らみ続ける国民の要求に応えること…などである。(idem,p.11)」と社会におけるその必要性を大々的に述べている。

　そして、1999年「現代の地方自治体―住民とともに（Modern Local Government-In touch with the people)」、「中央政府の現代化（Modernising Government)」により、学校、病院、経済、犯罪、住宅、ジョブセンター・プラス、警察、ビジネス等の現代化を目指し、民主主義フレームワークを作成していくことが示された。内務省のボランタリーサービス課は、アクティブコミュニティ課として改名され、人員と予算の拡充がなされた。公共サービスの質を向上させるために、すべての中央と地方政府部局のサービスと活動を見直し、今後5年をかけて各サービスごとに最適な供給者を明らかにするとされた。

5. 地域パートナーシップ政策

　もう一点、英国での公私関係で大きな影響を及ぼしているものは、地域再生政策である。地域再生政策では、長い年月をかけて、地域の主要なアクターを含めたパートナーシップの手法を採用してきている。1977年の「インナーシティの政策（Policy for the Inner Cities）」白書、および「インナー・アーバン・エリア法（The Inner Urban Areas Act）」により、地域再生ニーズのある地域でのボランティアセクターへの活動支援が行われ、セクター同志の協働が地域で行われていった。1991年には英国の衰退地域を救うために、地方自治体からアイデアを国に提出させ、優れた案を提出した地方自治体に補助金を交付するという「シティチャレンジ（City Challenge）」が始められた。この補助金は、それまでに出されていた複数の地域再生補助金をひとつにまとめ、各セクターの代表によるパートナーシップが求められていたものであるが、1994年に「単一再生予算（Single Regeneration Budgets; SRB）」に移行される。その後、コミュニティ・ニューディール（New Deal for Communities; NDC）が導入され、コミュニティが主体となり、衰退地域の雇用、失業、犯罪、教育、健康、住宅等の地域の複合的課題に立ち向かうため、コミュニティ・ニューディール・パートナーシップという組織を創設し、作成された計画を実施するために10年間資金を投入する制度である。

　2000年には地方自治法が改正され、「コミュニティ戦略（Community Strategy）」計画策定義務付けや、地方自治体はその方向性を決めたり、アクター間を調整する舵取り役が求められるようになった。2001年近隣再生国家戦略（National Strategy for Neighbourhood Renewal）で、イングランド地方の衰退地域に、地方自治体が地域のために使用できる近隣再生資金（Neighbourhood Renewal Fund; NRF）が交付され、交付された地方自治体は、LSPs と交付金使途を話し合って決めなければいけない。「①失業率、犯罪発生率、教育水準などの視点から支援すべき近隣地区の優先順位を明確にすること、②重点近隣地域の真の課題を理解すること、③重点近隣地域で

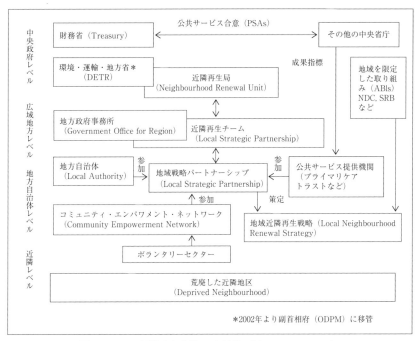

図 3 － 1 ：近隣再生政策の全体像（永田 2012,p.115）

すでに行われてきた事業や利用できるリソースとしてのボランティア、住民
活動、住民組織等を把握すること、④実施すべき必要事項について関係者が
合意すること、⑤実行したことをモニターすることが求められ、補助金を受
けるためには、①補助金受給団体は、LSPs に参加し、近隣再生戦略に合意
すること、②自治体は、毎年、NRF の使用計画書を策定し LSPs と合意す
ること、③地域公共サービス協定（LPSA）を締結する自治体は、その内容
が、衰退状況の改善に焦点を当てるものであること、④対象自治体は、政府
の公共サービス協定（PSA）の衰退地域に関する目標達成に貢献すること、
⑤質の高いベストバリュー実行計画をたてるとともに、監査委員会から指摘
があったときは、改善計画を策定することである」（SEU ＝ 金川
2008,p.125)。

　2001年より各地方自治体は、地域戦略（Community Strategy）の策定が

求められ、その策定の中心となる地域戦略パートナーシップ（LSPs）をできるだけ設置することを定めた。LSPs は、地域の資源配分の優先順位を決定し、合意された目標のもとで共通のビジョンに向かって問題を解決するために、すべてのサービス供給者が合意して協働することである（DETR 2001）。これは地域ボランタリーセクターの参加のための体系整備でもあり、LSPs には地域を構成するセクターの代表者がそれぞれ参加し、合意の上意思決定を行っていく。LSPs はほとんどが任意団体で、その形式は地方により様式が自由のため多様な形式となっている。資金を参加機関で出し合い、事務は地方自治体スタッフで行う。ビジョン、計画策定、役割分担、モニタリングを行い、テーマごとにパートナーシップを組んでいるところもある。

　政府は、LSPs にボランタリー組織が参加することを強く期待していたため、LSPs にボランタリー組織の参加を支援するため、2001年に地域エンパワメントネットワーク（Community Empowerment Network; CEN）が創設された。CEN は主に LSPs にボランタリーセクターの代表が参加できるように活動している。CEN の活動には、地域エンパワメント資金（Community Empowerment Fund; CEF →2004年から単一コミュニティプログラム）が使われている。

　また、LSPs が設立された地域では、LSPs のメンバーがコンパクトを結んでいることが多く、LSPs の役割として、①コンパクトにサインし積極的に関与するが、コンパクトを支配しない、②構成メンバーと地域内の他のパートナーシップ組織がコンパクトにサインすることを勧める、③コンパクトの精神を採用し、推進する、④ LSPs のメンバーの中からコンパクトチャンピオンを指名することが定められている（金川 2008,p.91）。

　2005年「地域協定（LAA）」は地方の自由政策実施を確保するために、多くの個別補助金を地域協定の手法で管理するようにした中央政府と地方政府間で締結される３年間の協定である。当初は、子どもと青少年、安全で力強いコミュニティ、健全なコミュニティと高齢者、経済開発と事業の４分野に

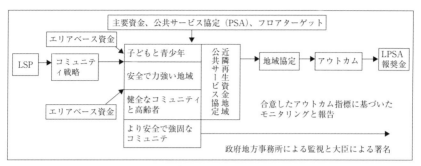

図3－2：LAA パイロットのモデル（Office of Deputy Prime Minister; ODPM 2004）

分けられた。地方自治体は、半年ごとにこれらの業績が達成できたか見直さなければならない。

　中央レベル、広域地方レベル、地方自治体レベル、近隣レベルとそれぞれのレベルでターゲットを達成していく首尾一貫した構造がとられている。このように地域再生政策の発展において、地域内でボランタリー組織も含めた複数の機関から構成される協働型のガバナンス形態によって、地域課題に取り組む仕組みが展開されていった。

第2節　コンパクト

　コンパクトは、行政と非営利組織の関係性を改善するために作られた合意文書である。1996年に、全国ボランタリー協議会 NCVO（National Council for Voluntary Organisations）が設置したディーキン委員会の報告書『ディーキン委員会報告書』（Deakin Commission Report on the Future of the Voluntary Organisations）、「21世紀を迎えるにあたってのボランティア活動」（Improving the relationship between the public sector and voluntary and community organisations）にて、社会における非営利セクターの正当性と責務が示され、政府と非営利組織が協力して補い合うべきであるとする

勧告がなされた。1997年には、労働党レポートとして、『共に築く未来（Building the Future Together)』が刊行され、政府と非営利組織の協働を潤滑にするために、コンパクトが必要であるとされた。その後、両者の代表による1年間に渡る協議の後、1998年11月『コンパクト—イングランドにおける政府と非営利セクターの関係について—（Compact on Relations between Government and the Voluntary and Community Sector in England)』にて、コンパクトは世間に発表された。イングランド地方のコンパクトには、全国版コンパクト（National Compact）と地方版コンパクト（Local Compact）がある。

1. 全国版コンパクト

　イングランド地方の全国版コンパクトの位置づけとしては、非営利セクターの多種多様性を踏まえ、あくまでコンパクトは、両者の一貫性のある関係性を築くための一般的な仕組みと枠組みであるとされている。コンパクトは覚書きであり、法的拘束力は持っておらず、いわゆる合意文書の形式となっている。両セクターの協議過程を通して合意形成を図りながら、コンパクトの影響力を広げている。コンパクトは英国の他の地方でも発展されている。英国全体の責任者として、地方政府の担当部署と『ネクスト・ステップス』実行委員会が、コンパクトの下で発生する問題に対応するためのガイダンスを作成する。

　コンパクトの土台となる考えとして、非営利セクターの活動は、社会的包括社会と民主化の発展の為の基礎となることにある。独立して利潤を求めない非営利組織は、社会に特有の価値をもたらし、社会や市場とは異なる役割を持っている。非営利組織は、個人が社会生活や地域の発展に貢献することを可能にし、そのために個人が持っている技術や興味、信念、価値観を団体と結びつけ、声無きものの代弁者としての役割を担っていたりと、社会の平等性や多様性を促進している。コンパクトで政府は非営利組織へ「独立性」、

---

①コンパクトの位置づけ

②ビジョンの共有

③原則の共有

④政府の責務［非営利セクターの独立性／資金の調達／政策立案と協議／より
　よい政府］

⑤非営利セクターの責務［資金と説明責任／政策立案と協議／優れた実践］

⑥コミュニティグループや黒人及びエスニック・マイノリティに関する問題

⑦不調和の解消

⑧コンパクトの発展

囲み 3 － 1 ：全国版コンパクトガイドライン（NCVO 1998）

「資金の提供」、「政策立案と協議」、「ボランティア」の 4 項目を保障することを約束し、非営利セクターは政府へ「資金と活動に対する説明責任」、「政策立案と協議」、「望ましい実践」の 3 項目を約束している。そして、両者が共有するべき原則として 8 項目をあげている。

---

①ボランティア活動は民主社会にとって基本要素である

②非営利セクターの独立性と多様性はウェルビーング社会にとって基本である

③公共政策やサービスの発展で、政府と非営利セクターの性質は明確に異なる
　が、相互補完的な役割がある

④共通の目的と対象物に向けて協働する上で、付加価値がある。意義ある協議
　は、関係性、政策立案、サービスやプログラムの企画や供給の一貫性を構築
　する

⑤政府と非営利セクターは異なる説明責任を求められ、異なる利害関係者に応
　答する。しかし、共通して、統合性、対象性、説明責任能力、公開力、誠実
　性、リーダーシップ性が求められる

⑥非営利組織は、掲げる目的を前進させるために、法律の範囲内でキャンペー
　ンを行う権利が認められている

⑦政府は、非営利組織の資金提供者として重要な役割を担う

⑧政府と非営利セクターは人種、年齢、障害、ジェンダー、性別、信仰に関わ
　らず、全ての人のために平等な機会を促進することを大切にする

囲み 3 － 2 ：全国版コンパクト 8 原則（NCVO 1998）

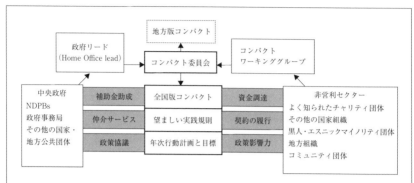

図3－3：全国版コンパクトの構造（DoH（Cm4100）1998）

　コンパクト委員会では、コンパクトの発展と年間行動計画を通して実現することを求めている。全国版コンパクトは、良い実践コードと、行動計画と目標を実践することによって構成されており、コンパクトは5つの望ましい実践規則＜資金の調達（Funding）／協議と政策立案（Consultation and Policy Appraisal）／ボランティア（Volunteering）／黒人・エスニックマイノリティ（BME; Black & Ethnic Minority）／コミュニティグループ（Community Groups）＞によって保障されている。年次行動計画は、各省庁部局の行動計画と、コンパクトワーキンググループによる計画から成るものである。

2.　地方版コンパクト（Local Compact）

　1999年に地方版コンパクトが策定され、全てのイングランド地方の地方自治体が地方版コンパクトを作成し、実施することが求められた。地方版コンパクトの意義として、①コミュニティの利益の向上、②組織目的の再認識、

地方版コンパクトガイドランについて
・広範な協議の帰結としてのガイドラン
・地方版コンパクトの目的
・ガイドラインの位置付けと使い方
・地方版コンパクトが成功するための5つのキーポイント

1．序章

2．地方版コンパクト作成過程
　　・開始　　　　　　　　・避けるべきこと
　　・効果　　　　　　　　・地方版コンパクト作成運営委員会

3．地方版コンパクトの内容
　　・資源と外部からのアドバイスの確認と利用　　・協議
　　・政策連動の作成　　　　　　　　　　　　　　・協働
　　・資金供給と支援　　　　　　　　　　　　　　・連携をつなげる人
　　・一貫性のある資金供給と請負の標準

4．コンパクトの実施、遵守、見直し
　付記
　　　1．コンパクト－基本情報
　　　2．地方版コンパクト作業の費用
　　　3．地方版コンパクト作成運営委員会メンバー表
　　　4．地方版コンパクト調査
　　　5．地方政府と協議事項の現代化
　　　6．パートナーシップと共同
　　　7．黒人とマイノリティ団体
　　　8．用語説明
　　　9．国と地方版コンパクト作成運営委員会の共同
　　　10．連絡先情報

囲み3－3：地方版コンパクトガイドライン（NCVO 2000）

③パートナーシップ関係の改善、④外部資金の有効活用、⑤ベストバリューの達成が設定されている。

　2000年には地方版コンパクトガイドライン（Local Compact Guidelines-Getting local relationships right together-）が策定され、地方政府と非営利セクターとその他のパートナーの間の関係性を良くしていくために、地方版コンパクトの進めていく方法を提案しているものである。また、地方版コンパクトが成功するための5つのキーポイントとして、①運営委員会の初回に来て、ビジョンを共有するために、自分の組織がコンパクトに何を望んでいるかを知ること、②焦らずその地域にとって正しいことか確かめ、全ての利

効果があること：
・地方版コンパクトを作成するための適切なタイムスケールを設定すること
・広い協議や報告のための時間をたくさんとること
・行政機関の仕事と非営利セクターの仕事のバランスを保つこと
・パートナー組織の職員に、コンパクト作成を調整することを率先しておこなう責任者を与えること
・根本的なテーマとして 'Getting it right together' を使うこと
・作成過程に参加できるように小さな団体の立場に配慮すること

避けるべきこと：
・作成過程を急き立てること。非営利セクターは協議の時間が必要である。
・コンパクト作成する際に多くの課題を詰め込みすぎること
・資金問題によって、活動が脱線してしまうこと
・資金、評価か状況の単独性を作ること
・政治的意思や組織全体の所有権不在
・行政主導で進んでしまうこと
・初期課題に対して活動する前に、内容を決めてしまうこと
・内部や外部とのコミュニケーションの貧しさ
・目標や有効な実現、およびその過程を吟味することが確立されていないことから、弱い点が続いてしまう

囲み3-4：運営委員会運営の要点（NCVO 2000）

初回の委員会の協議事項：
・地方版コンパクトが求められている理由などについて情報交換を行う
・パートナーシップ関係を築くものや壊すものについて討論する
・この委員会で誰が欠けているかを把握する
・コミュニケーションの手順とタイムテーブルを含めて、作成過程について同意を得る
・既に存在している共通理解について確認する（協議のメカニズムや共同資金など）
・地方コンパクトの目的を達成するためのビジョンを共有する

2回目の委員会の協議事項：
・非営利セクターの健全度を測る（容量、差異、必要なサポート等）
・行政セクターも含めて課題を特定する
・現在のしくみは、コンパクトにあわせた働き方やコンパクトを実施する上で支援できるものか考える
・どのようにコンパクトをその地域に合ったものにするか模索する

囲み3-5：運営委員会協議事項（NCVO 2000）

害関係者が策定過程に含まれているか確認すること、③きちんと実践で役立つか確かめ、決して書類を作成して終わりとしないこと、④平等な協働を通して幅広い関係性を築くことによって支持されるので、コンパクトは協働で作成し、保有すること、⑤コンパクトを継続していくために、定期的にコンパクトを見直していくこととしている。

　運営委員会は、地域の状況によってグループの特徴が多様になることから、運営委員会には地域を代表し、説明できる団体を含めるように注意しなければならないとしている。セクター間のコミュニケーションもコンパクトを潤滑にさせるために必要で、コンパクト作成過程から、市報、ニュースレター、Webサイト、地方紙等を利用して、コンパクトの意義や必要性を知らせていく必要性を示している。

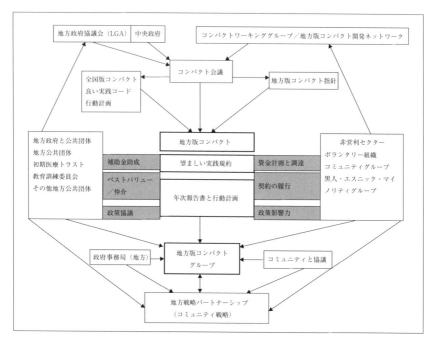

図3－4：地方版コンパクトの構造 (DoH（Cm4100）1998)「a code of good practice」

3. オックスフォードの事例

　オックスフォード（Oxfordshire）は、イングランドで南東に位置する。人口は約635,500人（2010年）で、東京都でいえば、大田区や杉並区の人口規模の地方都市である。他の都市と同様に、75歳以上の高齢者が増加している。雇用率と就職率が英国で最も高水準であり、オックスフォード大学を中心とする学問と出版業界の中心である。

　オックスフォードでは、2004年に『オックスフォード・コンパクト（Oxfordshire Compact）』が策定された。非営利団体、行政、医療機関、教育機関、警察等がコンパクト策定に関わっている。

　オックスフォード市コンパクトは、行政と非営利セクターとの関係を査定

```
 1. コンパクトの定義
 2. 目的
 3. 参加対象者
 4. ビジョン
 5. 理念
 6. 両セクターの責務
 7. 行政セクターの責務
 8. 非営利セクターの責務
 9. 公約の遵守・実行計画
10. 署名
11. 用語説明
12. 署名手順
```

囲み3－6：オックスフォード・コンパクト（Oxfordshire 2004）

して評価できる枠組みである。行政と非営利セクターの効果的な関係性を構築していくために、非営利セクターのニーズや要求を明らかにしたり、独立性を保持するために資金獲得の機会をできる限り提供したり、資金提供や査察等の過程の簡素化、協議手順の改良、協働のための基本的原則を設定することを行うとしている。コンパクトには、町やパリッシュを含む地方自治体、オックスフォード市 NHS、非営利組織、黒人・マイノリティ団体、信仰団体が提示されている。コンパクトが見据えるビジョンとして、濃い信頼関係や平等な関係性を築きながら、オックスフォード市の人々とより効果的に協働していけるようにすることをあげ、理念としては、それぞれのセクターの役割を認識して、社会的排除を受けやすい団体や黒人・マイノリティ団体は地域に多様な面で重要な役割を与えること、非営利セクターの補足性と独立性を尊重すること、新しいアプローチやリスクを受けても目的を達成するために進んでいくこととされている。

　両セクターの責務として、質と値打ちのあるサービスの提供をすること、高い水準の統治と経営維持、お互い適切な情報を共有することに寛大になること、小規模な非営利セクターが参加できるように配慮する、非営利セク

ターの構造基盤を力強く支えるために支援していく、不必要な延滞を避けること、地域の問題を解決するために協働すること、新たな価値を加えながら、既存のLSPsを通して協働していく、国のコンパクトで提示された5つのコードを網羅しながら協働していくことが示されている。

　行政の責務として、非営利セクターのロビーイング活動や、アドボカシー活動を保障し、独立性を尊重すること、非営利組織の持続的な支援、構造化されていない組織の重要性を認識すること、非営利セクター内で、国の政策を支えるパイロットプロジェクトに関わった場合、資金を行政がだすことがある。一方、非営利セクターの責務として、行政の力量の限界を知っておくこと、説明責任を果たすこと、政策に関することへの非営利セクターの視点や意見を表出し続けることや行政との協議や交渉の場にこれらの視点を反映させることが求められている。特に、OCVA、ORCC、OREC、Age Concernのような組織は、代表組織としてアドボカシーを行っていくための見解や考え方を模索し反映することや、活気ある非営利セクターの発展を導く役割を持つこと、小規模団体やあまり普段関わらない団体にも、偏見を持つことのないように活動することが期待されている。

　これらの公約を遵守していくために、運営委員会を設置し、実行計画を立てる。実行計画には、タイムテーブルの作成、資金について、協議と政策評価、黒人・マイノリティ団体への保障、公約違反への対応策、査察の取り決めについて書かれている。巻末には資料として、「オックスフォード市コンパクトの資金規約」、「交渉のためのガイダンス」、「協働を調整していくためのフローチャート」が添付されている。

第3節　パートナーシップ政策の批判

　英国ではブレア労働党政権に交代してから既に10年近く経とうとしているが、このパートナーシップ政策自体に異を唱える学者もいる。ウィルダブス

キー（Hallett 1996,p.115）はパートナーシップという言葉がゴールデンワードのようになっているだけであって、これでは問題は解決しないとしている。現に社会に出回っている指針、新聞記事、報告書には "partnership"、"working together"、"coordination"、"collaboration" という言葉が溢れている。しかし、パートナーシップという言葉は本質的な意味を持たず、専門的な響きをもった新しい革新的な流行語以上の何ものでもない、とハレット（ibid）は述べている。

　さらに、実際のパートナーシップは、中央政府によって統制されているのではないかと疑問視する見方もある。ルイス（Lewis 2005）は、ボランタリーセクターは、アクティブパートナーとしての平等な関係を経験しているというよりも、政府のゴールや野心にアーチをかけるため、特にアジェンダ設定や政策作成に関して利用されている、と述べている。また、ボランタリー組織は既に政府からの基金を失うことを恐れ、アドボカシー活動を制限し始めているという報告もされている（ibid）。ボランタリーセクターの中でも問題があり、大きなボランタリー組織はまだ大きな声でものを言える立場にあるが、たくさんの小さな組織はこの政策のために、状況が苦しくなっているという。ボランタリーセクターの中でもより名声がある大きな組織が、行政との対話の席に出席し、〝参加〟を果たしているが、後の中小規模の組織はコンパクトの紙にサインをするのみで声が汲み取られることはない（Alcock & Scott 2002,p.127、Craig & Taylor 2002,p.135）。

　また、どの組織もそれぞれ独自の力学と行政との協働スタイルがあるので、同じ形のコンパクトを締結させられることは、多様性を認めないことになってしまう。それに、各組織は別々の規範、常識、技術、優先順位等をもっているので、足並みそろえて協働することは容易なことではない。実際に、力関係の差、複雑な運営管理の手続き、金銭的出費、時間消費が、協働を阻害している（ibid）。」と協働の実際にかかる労力について懸念する声もある。

　ウェイス（Weiss 1981. see Alock & Scott 2002）は、そもそもパートナー

シップから新しい方法や資源が生まれるわけではなく、対等な関係を求めることは、さまざまな政治的目的や価値感が存在する事業所の多様性を壊すことであると述べている。マッガニーとハンター（Applebee & Wilkinson 1999）は、全ての機関と専門職の問題を、対等関係を求めるパートナーシップ政策を解決策として考えることは誤りであると指摘している。対等関係はあいまいなものであり、組織的特質、混乱した目的、専門的抵抗等を含んでいて、それら全てが結果として協働の失敗に向かわせる傾向があると、一極に協働関係をパートナーシップ政策として取り扱うことに対する批判もある。

第4節　小　　括

　英国における公私関係は、旧労働党政権のトップダウン方式、保守党政権時代の契約方式と、長年政権交代によって紆余曲折を経てきていた。英国では、近代社会構築の歴史の中で、ボランタリー組織の存在はなくてはならないものであったことから、公式な委員会において、その時代の社会におけるボランタリー組織の立ち位置について、幾度も公式に調査・検討されてきた。時に、ボランタリー組織の活動が主に担っていた時代もあれば、行政が担う割合が増えた時代もあった。各時代において、または政党の理念によって福祉供給における公私の役割分担が変化してきた。

　特に、新労働党においては、ボランタリー組織の存在の重視が明言され、公私は対等であるべきとその理念を担保するコンパクトが導入された。以前より、地域再生・開発事業の領域で、パートナーシップ政策が誕生し、発展していた。この地域再生領域で発展したパートナーシップ方式が、その後、新労働党の政策理念とも共鳴し、パートナーシップ政策として、児童分野や教育、医療、安全といった各領域で用いられるようになっていった。

　2010年から保守党のキャメロン政権となり、多くの権限をボランタリー団

体やコミュニティグループ等に与え、社会課題に対応する Big Society が提唱された。けれども、NPO と行政の関係に影響を及ぼす政策は特に出されておらず、地方自治体への交付金削減等厳しい財政再生政策により、ボランタリーセクターの資金源も厳しいものとなった。

　この論文においてパートナーシップ政策とは、新労働党が目指した公私の対等な関係性を維持するための政策のことである。その中でも公私間のパートナーシップを結ぶことがいかに難しいかということを、英国は身をもって体験してきている。そのために対等関係を結ぶことが難しい両者の間で新しいツールであるコンパクトを開発・展開することが必要であった。

　けれども、パートナーシップ政策及びその手法については、批判もある。パートナーシップという概念や言葉のみが先行し、それを実施することができるためのシステム構築の未熟さ、協働するための取引コストの負担、すべての地域における市民参画型社会構築の難しさ、ボランタリーセクター内の問題が課題としてあげられている。けれども批判もあるが、代替案も提示されていない。放っておけば市民参加は進まず、努力しなければパートナーシップは実現しない。実現のためには、政治主導で整備する必要があるが、政権交代や知事の交代により容易に崩される脆さが存在している。

注釈

(1)　「第三の道は社会民主主義の歴史の中で再三にわたり用いられてきたし、政治的信条を全く異にする論者や政治家がこの言葉を用いることも少なからずあった…第三の道という言葉が初めて登場したのは、20世紀初頭のことである。この言葉は、1920年代に右派の間でもてはやされたこともあったが、社会民主主義者と社会主義者が用いることの方が多かった（Giddens 1998,p.11）」

第 4 章

市民社会における
行政と NPO の関係性

第1節　市民社会における行政とNPOの関係性のビジョン

　最終章では、市民社会において求められる行政とNPOの関係性について、理論的に整理していく。

　市民社会については、17世紀辺りより啓蒙思想の中で検討されてきた。自由主義者のロック、民主主義者のルソー、保守主義者のヘーゲル、社会主義者のマルクス・エンゲルス等は、市民社会を国家として捉えていたり、市場と捉えていたり、市民社会の認識についての相違が著しかった（Pestoff＝2007,p.41）。市民社会が注目を集めるようになったのは、東欧における反共産主義の市民運動が国家に対抗する運動となり、共産主義国家の崩壊を導いてからである（岩崎 2005,p.17）。そして現代に通じる市民社会の考えが明示的に出現したのは、18世紀半ばのスコットランド啓蒙思想においてである（idem,p.20）。

　戦後、次々と諸国で福祉国家設立が目指されていった。けれども国家が担う負担が増していき、景気の悪化も伴い、政治的党争も発生しながら福祉国家の危機が叫ばれるようになる。80年代に入ると、福祉国家に対置する小さな政府が目指され、サッチャー政権やレーガン政権に代表されるような新保守主義が台頭してくる。経済のグローバル化や金融政策の自由化が後押しし、医療、教育、福祉の分野では、サービスの商品化やプライバタイゼーション、準市場化等が進み、ネオ・リベラリズムが広がっていく。90年代初頭までにスウェーデンでは、社会保障の割合を減退させず、国家が市民の生活の質を支えていくとする高負担の福祉国家を維持し、自国産業の国際競争力の強化やインフレ防止、完全雇用の達成等が行われた。社会民主党が党大会の中で、民主主義を政治民主主義、社会民主主義、経済民主主義の三層構造で捉える3つの民主主義を掲げていたが、90年代に入るとフォン・オッター等を中心に第4の民主主義として市民民主主義が追加される流れが出て

いた（小川・宮本 2005,p.16）。

けれども新自由主義の刷新政策も煮詰まりが見られるようになり、サービス供給者のインセンティブである"競争"を発生させるための市場設定の不十分さ、サービス供給者と購入者間に発生する情報の非対称性、取引費用と不確実性の発生、動機付けの在り方の相違、クリームスキミングの発生（Le Grand & Bartlett 1993）等が準市場化で問題要因となり、結果としてサービスの質の低下につながっていく現象がみられるようになった。

ヨーロッパの社会民主主義は『第三の道』を提唱し、効率性や合理性を主軸に捉える市場競争原理の限界から、新たな市民民主主義（Pestoff＝2007）、市民社会民主主義（civil-societal democracy）（小川・宮本 2005）の在り方が唱えられた。市民社会次元での民主主義では、公共サービスの供給体制において、多様な参加と非営利組織を活用して市民の政策参加の機会を広げたり、サービス供給主体を選択する条件を提供すること（小川・宮本 2005,p.19）が主要な要素とされた。市民の社会参加を促進するために、就労支援やボランタリー活動の促進、シティズンシップ教育が基本戦略として展開されていく。

けれども、自立支援や市民の義務をどのように制度政策で設定していくかというレベルにおいては、方向性に定まりが見えないうちに、勢いが停滞していっている状況である。本章では、市民社会において目指される行政とNPO の関係性のビジョンについて市民社会を構成する諸概念から理論的整理をしていく。

1.　福祉レジーム論

アンデルセン（＝2005,p.1）は、福祉国家の階層化の状況や社会権のあり方、脱商品化を国家、市場、家族の組み合わさり方に注目し国際比較をしている。彼が注目したのは、家族、教会、ノブレスオブリージュ、ギルド等が担ってきた生活を助け合うという連帯性を、市場も国家（近代官僚制）も代

役を果たせなかったことである。福祉国家の多様性は、ある単一の基準に沿ってそのポジションが位置付けられるものではなく、レジームの類型によってクラスター化できるものであるとアンデルセンは3つの福祉国家レジーム類型化を図った（Esping-Andersen＝2005）。

　1つ目の自由主義的福祉国家では、給付の対象とするのは低所得で、国家の福祉に依存的な層であるので、厳しいミーンズテストにより対象が選定され、最低限の福祉が供給される。これは、自由主義的な労働倫理によるもので、人々が働かない代わりに福祉を選んでしまうことを予防している。2つ目の保守主義的福祉国家は、社会権を広く保障するキリスト教民主主義政治を方向付けた補完性の原理に沿って、家族がその構成員にサービスを提供することができなくなった場合にのみ国家が介入するが、そのような社会においては職業的地位の格差がみられる（idem,p.29）。1931年にローマ法王ピオ11世が発表した社会回勅のクワドラジェジモ・アンノ（1931,p.28）では、このように述べられている。

「固より國家の權力は勝手に行使されてはならない。まことに私的所有に對する自然權は、相續權も含めて、つねに侵害さるべからざるものであつて、國家と雖もそれを奪ふ何等の權力も有してゐない。『なぜなら個人は國家より先に生れてゐる。』また『家族的結合は概念上並に實在上國家的結合に先立つてゐる。』」

「社会的状態の発展の結果として、以前は小規模の共同体によつてなされた多くの事が、今日では強大な集団によつてでなければ遂行され得なくなつてゐるといふことは眞である…即ち、個人の事業の、自分の力をもつて、自分の手段をもつて為し遂げ得るところのものを、個人の手から奪つて社会の手に移すといふことが正しくないのと同じやうに、より小さい、より下級の共同体が自分でなし且つ立派な結果に達せしめ得るところのものを、それから奪つて、より大きな、より上級の共同体に委ねるといふこ

とは、正義に反することであつて、且つ同時に甚だ不利なことであり、ま
た全体の社会秩序を混乱することである…それ故に国家の権力は、より重
要な任務の遂行にとつて、勢ひ唯妨害になるだけであるあまり重大でない
仕事の遂行は、より小さい共同体に委ぬべきである。かくしてこそ国家の
権力は、専ら自分に負はされてゐる諸任務を一層自由に、一層協力に、一
層効果的に為し遂げ得るであらう…即ちこのやうな原理の厳格な遵守によ
つて、種々なる団体の間に段階的な秩序が完全に無視されればされるだ
け、社会的権威及び社会的影響力は一層強大になり、国家の状態は一層幸
福になり、一層繁栄するのである（idem,pp.45-46）」

　ガバナンスにおけるそれぞれの共同体の役割分担を徹底して小から大へと
いう原理を貫徹せよというものである。
　3つ目の社会民主主義レジームは、普遍主義の原理と社会権の脱商品化が
新中間階級にまで及んでいる国のことで、福祉サービスは高い水準のものが
求められる。福祉と労働の融合を図り、労働によって個人の自立を高めてお
く一方で、連帯主義、普遍主義を実現し脱商品化をできるだけ図ろうとす

		自由主義	社会民主主義	保守主義
役割	家族の役割	周辺的	周辺的	中心的
	市場の役割	中心的	周辺的	周辺的
	国家の役割	周辺的	中心的	補完的
福祉国家	連帯の支配的様式	個人的	普遍的	血縁、コーポラティズム、国家主義
	連帯の支配的所在	市場	国家	家族
	脱商品化の程度	最小限	最大限	高度（稼得者にとって）
典型例		アメリカ	スウェーデン	ドイツ・イタリア

表4-1：エスピン・アンデルセンが描く社会保障政策モデルの特徴（林
2009,p.147）

る。介護問題であれば、あらかじめ家族が抱える負担を社会化し、家族の介護能力が限界に達したときに事後的に介入することではない（Esping-Andersen＝2005,p.31）。しかしアンデルセンは、非営利組織については言及しておらず、公私関係と彼が指すのは、国家と民間企業を指している。

2．ソーシャル・ガバナンス論

　社会運営の仕組みとして、国家や政府が唯一の統一者であるというガバメント概念から、多様なアクターが参加して協力して公益を実現していくガバナンス概念へと変化している。ガバナンスでは、誰がそのガバナンスを担うのか及びその形態のあり方がより重要となってくる。神野（2005,pp.4-9）は、財政学的アプローチからトータルシステムとして社会全体は、経済システム、社会システム、政治システムの３つのサブシステムから構成されていると説明する。経済システムは人間の生存に必要な財を生産し、分配していくための組織であり、社会システムは人間そのものが再生産されていく組織、そして政治システムは、社会システムの自発的協力を克服するために発生している組織である。そして、市場の失敗と政府の失敗を再市場化によって乗り越えようとする新自由主義への対抗戦略が、市民社会を強化するソーシャル・ガバナンスだと捉えている。したがって、ソーシャル・ガバナンスは新しい社会統治の形式であり、従来のように行政機関がボランタリー・セクターを活用しようと企てたり、支配しようとするならばその関係性は崩壊する。重要なのは、ボランタリー・セクターが自発的に活動を行える環境を整えることである。ボランタリー・セクターは、自立した市民が自発的に社会づくりに参加し、同じ社会を作るものとして連帯し、活性化していくこと、これがソーシャル・ガバナンスである。

3. ソーシャル・セクター論

　国家、市場、コミュニティの社会的ポジショニングから社会の統治制度を理解するため、セクター概念は用いられてきた。エバースは福祉トライアングル説で社会秩序を定義しようと試み、クラウセン、ヘンリクセンはセクター分割を試みており、インフォーマルセクターの位置づけに関し試行錯誤を繰り返されてきた（Pestoff＝2000,pp.48-49）。ペストフ（ibid）が、市民社会における対人社会サービスの在り方を検討するため、ボランタリー・アソシエーションと非営利組織を中心としたセクター論を提示する。アソシエーションの可能性と拡散を表すため、公共と民間のスケール、公式と非公式のスケール、営利と非営利のスケールという3つの視点から測り、アソシエーションと、国家、市場、コミュニティとの関連性と位置づけを図4－1のように示した。

　国家を第一セクター、市場を第二セクター、アソシエーションを第三セクター、コミュニティを第四セクターとし、互いのセクターと第三セクターが重なり合う領域を示すことで、第三セクターを媒介セクターとし、その多様性及び拡散性を表している。

　対人サービス供給が第二セクターに偏ると、社会サービスが極度に商品化され、一定のサービスが適正価格で、効率的に多くの市民に行き渡るようになる。広くそのサービスが流通するため、サービス利用の過程で生じるスティグマは薄くなる。しかし一方で、市場に参加できないことが多い重度の障害がある者や、子ども、貧困者にはサービスが行き渡らなくなる。

　第四セクターに偏ると、地域のつながりの中での、素早い気づきやきめ細やかな心遣いから支援は行われていく。しかし、善意の気持ちや放っておけない気持ちが支援の動機となっているため、長期に渡る支援や専門性の担保ということに関しては限界がでてくる。また、コミュニティの構成員や情勢に応じて変化するため、安定した社会サービスは提供されない。支える側においても、市場の賃金労働者に属さない者によるため、専業主婦やリタイア

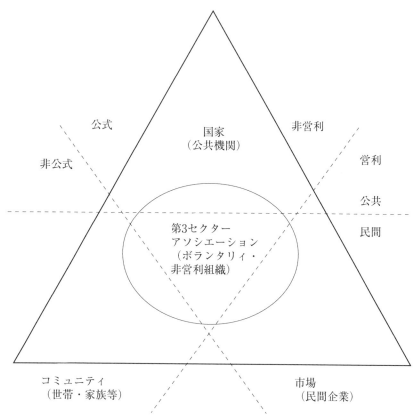

図4－1：福祉トライアングルにおける第三セクター（Pestoff＝2000,p.48）

をした高齢者等が中心となる。そこで、各セクターとの混合部分を多く保有する第三セクターへの期待が高まり、民主化が浸透することとなり、市民がサービス受給者でもあり、供給者でもあるという意識が強くなり、参加や連帯等といった公共的倫理を維持し、耕していくといった市民民主主義を促進していく起爆剤となる。

　ペストフは米国の非営利組織研究に対して限定的と批判し、欧州で古くから行われている市民による協同組合と共済組合をも含む包括的に非営利組織を捉えるべきと論調を強める。したがって、第三セクターに該当するアク

ターの種類や形態は多様であり、社会によってもその姿は大きく変わってくる。アクターの一例として、ボランタリー・アソシエーション、非営利組織、民間非営利組織、非政府ないし非法定組織、フィランソロピー団体、財団チャリティ、チャリティ信託、地域ないしコミュニティ・イニシアティヴ、第三ないし独立セクター機関、コモンズ、社会的経済、公益機関、組合・非営利企業等があげられている。

4.　福祉ミックス論

　福祉ミックス論とは、福祉供給システムに、国家、市場、家族等インフォーマル部門により多元的に提供されるものとローズ（白鳥＆ローズ 1990）が提唱した。エバースは、福祉ミックスという考えは社会の統治におけるコミュニティ、市場、国家、アソシエーションの諸制度のそれぞれの重要性の違いを示すことができるものとし、ペストフは、社会福祉供給においてさまざまなセクターが果たす役割の違いを示すことができるとしている（Pestoff＝2000,p.59）。福祉サービス供給の在り方は、国の情勢や時期に伴ってその姿は変化する変動的なものである。福祉混合のミックス度は、その国の社会秩序及び価値観を問い、社会政策を大きく左右するものである。エバースは、よりよい相乗効果が生じる福祉ミックスを探すことに焦点を当てるべきであるとしている（Pestoff＝2000,p.62）。

　例えば、福祉サービスの提供方法についても、市場と民営化が掛け合わされば、社会サービスの商品化が促進される。コミュニティと民営化が掛け合わされば、助成金依存となり、補助金づけとなる。アソシエーションと民営化が掛け合わされば、民主化が進み、市民民主主義となる。市民は、市場や国家から退出することはできないが、消費者として仲間と連帯し、モノやサービスの価格やその質の最適化を要求することはできるし、有権者としても他の有権者と連帯し、声をあげることはできる。

　必ずしもどのセクターがよいと優劣をつけるものではなく、その分野に応

じて、その性質に応じて提供方法を選び、市民にとってより一層相乗効果が得られる最適福祉ミックスを模索していくということが、福祉ミックス概念の主旨である。

5. ソーシャル・キャピタル論

　1916年にハニファンがソーシャル・キャピタルについてアイディアを出しており、その後1980年代にブルーデューやコールマンによって、ソーシャル・キャピタルの概念化が探求されはじめた。90年代には、パットナムが北イタリアの市民的伝統の実証的研究により、市民の自発的協力による参加の重要性を発見し、米国では、市民の政治不参加や職場やインフォーマルのつながりの減少などから、過去30年における米国のソーシャル・キャピタルの縮小傾向を指摘し、それにより米国の民主主義のパフォーマンスが落ちてきたと論じたことへ注目が集まった。90年代後半になると、OECDや政界や銀行などによるソーシャル・キャピタルについての政策研究が活発に行われるようになった。

　パットナム（＝2001,p.207）は、「社会資本は、調整された諸活動を活発にすることによって社会の効率性を改善できる、信頼、規範、ネットワークといった社会的組織の特徴をいう」と定義している。コールマンは、「社会資本は資本の他の諸形態と同様に生産的で、それが無ければ達成できないような一定の目標を実現しうる…例えば、メンバーが信頼できることを明示し、お互い広く信頼している集団は、そうでない集団の幾倍も多くのことを達成でき…農民が、干草を束ねるのに協力したり、農機具を広く貸し借りしあっているような…農村共同体では、農民一人ひとりは農機具や設備の形の物的資本が少なくても、社会資本のおかげで自分たちの仕事をやり終えることができるのだ（idem,p.208）」と説明している。諏訪（2007）は、「ソーシャル・キャピタルとは、一般には社会的な協調活動を促進する機能をもつ市民参加のネットワーク、信頼、互酬性の規範などの社会的な関係をさす。この

ような社会的な関係を『資本』（投資行動の有無により増加したり減価したりする生産要素）ととらえ、政府などの制度パフォーマンス、経済活動（取引活動の円滑化、技術革新の促進等）、教育活動、求職活動、健康増進、防犯、マイノリティの社会的統合、開発途上国の社会開発等の成否を説明する変数として活用するアイディアである」と定義している。

　しかし、ソーシャル・キャピタルには個人的側面と集合的側面があり、私財とも公共財ともなり得るものである。コネのように個人の利益に直接つながるものではあるが、ソーシャル・キャピタルは同時に外部性も有しているので、社会に広がりを持ち拡散していく性質も持っているので、ソーシャル・キャピタルから発生する利益は私財でとどまらないといえるだろう。コミュニティ内に培われてきた信頼をはじめとする関係性の成熟度が高ければ高いほどソーシャル・キャピタルは高まり、ソーシャル・キャピタルが高まるにつれて相互の関係性は濃密となる相乗効果が発生していく。ペストフ（＝2000,p.30）はまた、対人社会サービスや地域サービスが、市民の参加を含まない、専門的公務員の領域にとどまるものならば、ソーシャル・キャピタルといえども受動的な資源になってしまえば、萎えていくだろうとしている。

　ソーシャル・キャピタルの期待される効果として、社会生活で必然的に発生してしまう摩擦を減退するための潤滑油の役割が認められている。市民同士の頻繁な相互作用が行われると、信頼力が形成され潤滑油の量も増えていく。パットナム（＝2001,p.160）は、他者を信頼する人々はオールラウンドな良き市民であり、コミュニティ生活により参加している者はより信頼し、市民参加の少ない者は自分が悪党に囲まれていると感じやすいとしている。市民的関与、互酬性、誠実性、社会的信頼は、ごちゃ混ぜのスパゲッティのように絡み合っていると表現している。また、社会的不平等や、社会的排除といった近年社会問題として長年取り組まれている課題についても関連性があるとしている。しかし、リン（＝2008,p.34）は、ソーシャル・キャピタルとよばれるものは、個々人の相互行為やネットワーキングからもたらされる

という本来の理論的ルーツから切り離され、社会連帯の構築などの幅広い文脈を含んで捉えられるようになり、ソーシャル・キャピタルを関係財として文化、規範、信頼などの集合財と区別しなければならないと注意を促す。

第2節　パートナーシップ政策の意義

　第1節では、市民社会を構成する諸概念を確認した。市民社会という大きな概念には、民主主義を目指すことが織り込まれており、労働で個人の自立を高めておく一方、連帯主義、普遍主義を実現し、脱商品化をできるだけ図ろうとする性質がある。福祉レジーム論では、福祉国家の階層化の状況や社会権の在り方、脱商品化を国家、市場、家族の組み合わさり方に注目して、自由主義的福祉国家レジーム、保守主義的福祉国家レジーム、社会民主主義レジームの3つの類型によってクラスター化された（Esping‐Andersen＝2005）。その連帯主義や普遍主義を社会で育て、市民同士の互酬性や市民参加のネットワークといったソーシャルキャピタルを高めていく（Putnam 1993）ためには、多種多様なアクターが顔を合わせ、協議や協力する機会の創出が必要である。その一つのアクターであるNPOは、セクター論でいえば第三セクターにあたり、どのセクターとも重なりあっているため、国家セクター、市場セクター、コミュニティセクターとの媒介の役割を果たす重要なアクターである（Pestoff 1998）。市民社会民主主義を構成する上で重要なキーアクターとなる第三セクターを活性化していくためには、第三セクターを支える補助政策が必要となる。

　まずは、多様なアクターが参加できる土壌の整備として、ガバナンスの構築が必要である。主体が異なる多種多様なアクターが集まるネットワークを調整して、ガバナンス空間としてまとめていく調整機能と舵取り機能をシステムに確保することが重要である。NPOはガバナンスを担う一アクターとして、政策立案プロセスにも参加していくこととなる。フリードマン

（1992,p.138）も、参加型民主主義は、高い能力をもつ国家を要求し、利害と暮らしを守るそれぞれのなわばり全般において、より平等な条件を作り出す国家が求められていると述べている。

　次に、社会においてセクターをどのように組み合わせていくか、その割合や形状、ミックス度を設計する社会デザインが必要になる。そして主役となる市民の社会参加を促す教育や仕掛けの設定が必要である。市民は、税金を払うだけでは連帯性やソーシャルキャピタル、市民民主主義を生き生きとしたものとして維持することには限界がある。市民が自ら対人社会サービスの共同生産者としての役割を果たすこと、つまり日常において自分で厳しい選択をしていくことで、ソーシャルキャピタルや市民民主主義が育てられる（Pestoff 1998,p.31）。イギリスで新労働党政権がとったように、アクティブシティズンシップとして市民教育に力を入れることも一案である。

　さらに、市民一人ひとりが自発的動機を持ち、社会参加をしていくことに導くことが重要であると同時に、同じ志やビジョンを持つ者同士が集い、組織化された団体こそが一アクターとして役割を担うことが可能となる。市民のエンパワメントの視点からのフリードマン（1992,pp.72-74）の議論を根底に、「家族やコミュニティ、中間集団、とくに NPO などの媒介組織はデスエンパワーの状態にある個人が心理的、政治的、社会的に力を再び獲得するために欠かせない。原子化された個人は極めて無力な存在であり、インフォーマルセクターは、本質的に“生産的かつ活動的な単位”として重要な役割を持つものとして再認識される。ボランタリーセクターこそ市民と市民をつなげ、市民と社会、地域をつなぐ媒介となる集団となるのである。」と栃本（1996,p.89）は記している。市民団体を作ることは、市民がエンパワメントしていくプロセスであり、市民団体の密度の濃いネットワークは地域を強化する（ibid）。

　しかしながら、その NPO と対人社会サービスを管轄している行政との協働には難しい局面がある。この二者関係でいえば、福祉多元主義やガバナンス論に溶け込ませて考えても課題解決はなしえない。本研究で明らかにして

きたように、行政とNPOの協働を促進する補助政策が特出しで必要である。この二者関係は、ヨーロッパ諸国における中道左派で重要なポイントとなっており、特にイギリスでは、NPOと行政の関係性については、長年政権争いにおいて政党価値観を体現するアピールポイントとして使われてきた背景がある。特に、新労働党政権時代に採用されたパートナーシップ政策は、市民社会民主主義を体現化するためのトップ政策として展開されていった。NPOを社会の主要なアクターとして、社会インパクトを用いながらアピールし、行政とNPOの協働を促進するためのパートナーシップ政策を打っていった。それはまさに、市民社会民主主義を体現化した政策であったといえよう。

第3節　行政とNPOの協働関係構築のための条件

　本稿でみてきたように、日本における行政とNPOの関係性の難しさや、市民社会の形成されにくさは、占領期に打ち出された、公私分離の原則を掻い潜るように創設された社会福祉法人制度により、民主主義的市民社会が構築されにくい公私関係が担保されるシステムが設定されたことにある。措置委託制度の影響も大きく、社会福祉は社会福祉法人等関係者及び行政が担うものであり、市民はあくまで客体として、必要な場合に福祉給付の対象者としてかかわる存在と位置づいてきた（栃本 1997,p.64）。近年、特定非営利活動法人制度の創設や、社会起業家の登場、度重なる震災等により、日本社会においても市民のボランティア意識やNPOへの関心や理解は以前より増えてきている。けれども市民の参加は充分とはいえず、市民性や互酬性をどのように地域で育てていくか、公共をどのように担っていくか等について社会的な議論の未成熟さもあり、NPOと行政とどのように協働していくかといった点について方向性や方策が低迷している現状がある。そこで最後に、本稿で明らかになったことから、『行政とNPOの協働関係構築の条件』として

提示したい。

①対等性の保持

　協働の形態には、委託、参画、補助、助成、指定管理、情報交換、共催、後援、委員、協力等存在する。NPO がサービス供給者としての役割を担う場合、NPO が実質的にサービスを提供し、行政はその対価を NPO に払い、事業に関する責任は行政がとるという役割分担である。この場合、行政が事業企画、計画立案、予算獲得を担い、事務的に事業化に向けて進めていくため、NPO は公的責任の代替的役割または補完的役割を担うものという立場に置かれる。三重県の事例では、両者の関係が友好的で信頼関係も厚く協働しやすい状況であったが、企画や予算立ての部分は行政が管轄しており、NPO が参加できていなかった。このため、行政と NPO の関係はトップダウンが発生してしまい、真に対等な協働関係構築は難しくなっていた。ギドロン（1992）も述べているように、協同パートナーシップモデルを構築し、事業内容や予算額等の決定といった事業計画立案の段階から、行政は NPO と協働していくことが必要である。

②協働の協定書とガイダンスの策定

　イギリスで開発されたコンパクトのような協働に関する協定書の策定が必要である。協定書は国バージョンと地方自治体バージョン 2 種類設定し、最低限協定書に盛り込まなければならない項目を示しておく。協定書の内容は、例えば、費用分担について、情報公開について、成果物の帰属方法、知的財産権の所在等である。そして協定書の使用について明記されたガイダンスの発行も併せて必要である。

③行政のすべての部署で協働が行える体制整備

　協働を担保するための政策として、イギリスのパートナーシップ政策から学ぶことは多いが、日本の地方自治体にて既にイギリス方式が導入された地

域もある。けれどもその協働手法にばかりに注目が集まり、模倣するにとどまってしまっているところもある。NPOと行政の対等な関係を担保する仕組みがないまま、協働の名目で施策と予算化が先行し、予算化に合わせて協働を募集するという奇妙な状態に陥っており、真に協働が必要な現場で協働が行われていない。

　三重県は条例や協定書の策定等の協働を担保しうるシステムやツールが整備されており、またその整備プロセスにおいても市民とともに徐々に整備されてきた経緯があるにもかかわらず、実質的に協働が必要とされている現場においてこの協働方式が使われていない現状があった。これは三重県のみのケースではなく、現在日本で行われている行政とNPOの協働に見られる傾向である。地方自治体で協働課を設置し、協働条例の策定、協働事業をNPOから募集・採択・実施・評価していくといったスタイルが、協働の手順として広まっている。財源的にも、協働事業採択数は年に数事業で止まり、行政はNPOを選ぶ立場にあり、根本的な上下関係はオブラードには包まれているが、存在している。残念なことに協働の器だけ揃えられ、本当に協働が必要とされる現場や部署でその器を活用できないという状態である。協働課と各部署の理念や価値観、情報の統一がされていないのが問題であるので、協働課に留まらず、協働が必要とされるどの部署においても協働の仕組みが使えるようにしなければならない。

④市民が参加できる体制整備

　地域ガバナンスにNPOの参加を促す地域体制整備の構築が必要である。イギリスで採用されたような地域戦略パートナーシップでは、パートナーシップ組織が創設され、ボランティア組織の役割が重視され、地域戦略パートナーシップの認証を得るためには、ボランティア組織の参加が基準に盛り込まれている。また、コミュニティ・ニューディールのように、住民主体のパートナーシップ組織を設立する等体制整備を行うことが必要である。

⑤ NPO の自立性の確保

　長らく、社会福祉法人以外の民間の団体や個人は、主体として社会福祉事業に携われないだけでなく、サービスの代行者として社会福祉事業に携わることすらできなかった。そして委託を受けてきた NPO である社会福祉法人は、行政依存体質に陥っているところも少なくない。現在でも第一種社会福祉事業は、国と地方公共団体、社会福祉法人のみが行うことができるとされていることもあり、NPO の中でも社会福祉法人は、行政の委託を受けているということでステータスを持ちやすい。その結果、委託費頼りで、市民に活動を理解してもらうためのアピールや説明責任を果たしたり、寄付を率先して集めたり、先駆的な支援や、創意工夫をこらした支援を行うという行動が弱くなっているところも多い。NPO は、政府の代理人ではなく、市民の代理人である。行政依存体質を変え、自立性を確立していかなければならない。

⑥政治的次元における協働の確保

　例えば NPO が、審議会や委員会のメンバーになる、審議会等のヒアリングの機会で意見を公に述べる、行政との勉強会や研修会を共に受ける、モデル事業を引き受け政策に関してフィードバックを行う等、政策参加の機会を広げていく協働が必要である。特に、生活に困っていることが多い市民の声や現状を公に伝えることができるアクターである。

⑦政治における協働宣言

　英国のパートナーシップ政策で重要だったことは、首相自らボランタリー組織の重要性を国民に問いかけ、主張し、そして政策の理念にボランタリー組織との協働の大切さを理念に盛り込んだことであった。そうでなければ行政側の NPO との協働は手間がかかり面倒、信用できない、トラブルが多発すると、協働を懸念する行政側のおそれが抜けない。一方 NPO 側も率先して行政の下請け化を受けたがる風潮もある。したがって、両者の空気を変え

るために、政治的働きとして確固たる価値観の明示が重要である。

第4節　本研究の限界と今後の研究課題

　ヨーロッパの社会民主主義の挑戦は、2020年現在、ヨーロッパ統合の危機、アングロサクソン型資本主義及び協調的資本主義の危機、右翼ポピュリズム政治の台頭等の試練の時を迎えており、宮本（2006,p.81）も述べているように、『第三の道』等のシンボルにされたキャッチフレーズは、賞味期限切れになりつつある。けれども『第三の道』、『アクティブ・シティズンシップ』、『ソーシャル・インクルージョン』、『パートナーシップ』等が意味する本質は、社会において市民社会を構築する上で、理論上欠かすことのできない要素である。中道左派の勢いは弱まりつつあるが、市民生活の保障に反映させていくために、市民社会を構成する主要要素を制度政策に埋め込んでいくことが必要となる。そして政治哲学が混沌としてきている現代では、より一層社会政策学が政策立案及び評価の次元で求められていくと考える。特に日本は、占領期という外部圧力により、法制度ががらりと変わるという特異な経験を経てきている。そのために社会事業の公私のバランスや役割分担の在り方が特殊な形となり、公私関係はいびつな形で進んできた。市民はお客様状態となり、市民は自らが持つべき権利や義務の認識が欠けた形（栃本1997）で時を重ねてきている。

　人類の歴史を振り返ると、人々が暮らしてきた生活には、どの時代においても助け合い、思いやり、お互い様といった温かいやりとりが存在してきている。人間が持つそのような特性を躊躇なく、負担なく人々が発揮できる仕組みが必要であると考える。個々人が紡ぎだすネットワークが重層的に存在し、市民の力が過小評価されない成熟した市民社会、そのような懐が深い社会づくりを進めていくためにも、NPOを保障し、整理されていくことが目指される。

132

　本研究では、行政と NPO の関係についての基礎なる理論について整理がされ、日本で両者の関係が作られてきた歴史的変遷、先駆的自治体の協働政策について、市民社会構築における協働政策のビジョンを確認するためのイギリスの政策例について研究が行われてきた。本研究の限界としては、市民社会に関して公共哲学的観点からの深堀りが十分できなかったことと、協働の現状を明らかにするための分析ケースが少ないことがあった。分析ケースに関しては、複数の特徴ある行政と NPO の協働ケースについてさらに調査していくことが必要である。また、国際比較において、ブレア政権下で展開されたパートナーシップ政策を採用したが、いくつかのヨーロッパ諸国の政策例も比較する必要があろう。例えばドイツでは、連邦社会扶助法の第10条4 項と第93条、青少年福祉法第 5 条 3 項、社会法典総則17条にて、民間福祉団体の優位性、公私の協働と両社の対等性、公に対する民間の優位性が諸政策の上位法として配置されている（栃本 1996,p.85）。民間で対応できない場合に初めて公がでていくという民意優先が示されている。憲法や法典に根拠法を置き、NPO の活動が日本社会にとって価値のある財産だという価値観を政策に持つことは大きな意味を持つことだろう。

　さらに、栃本（2002b,p.50）が指摘するように、"男性的"組織文化、官僚制の組織文化と異なる NPO が持つ"自発性"と"危うさ"・"もろさ"・"壊れやすさ"といった NPO の創発的な基本原理を受け入れられる社会を構築することを検討することが必要である。市民の参加を期待するためには、市民の脆さを担保する仕組みづくりが市民社会化を目指す上で今後の課題となるだろう。

　本研究は、日本学術振興会より研究支援を受け実施した［主任研究者：田中真衣．2008年度〜2009年度「日本の児童虐待防止活動における行政と NPO の協働を誘導するパートナーシップ政策研究」］。本書は、「白梅学園大学出版助成」を受け出版している。

参考文献

Alcock, P. & Scott, D.（2002）Partnerships with the voluntary sector: Can Compact work? Chapter 8. pp.113-130. In: Glendinning, C., Powell, M. & Rummery, K. ed. *Partnerships, New labour and the Governance of Welfare.* Bristol: The Policy Press.

Applebee, E. & Wilkinson, D.（1999）*Implementing holistic government-Joined-up action on the ground.* Bristol: The policy press.

Beckett, F.（1998）*A key article, with quality delivery.* New Statesman Lifelong Learning Supplement. 13.

Beveridge, W.（1948）*Voluntary Action-A report on Methods of Social Advance.* London: George Allen & Unwin LTD.

Blair, T.（1997）*The Third Way; New Politics for the New Century.*（＝1997,「生活経済政策」編集委員会「『第三の道』新しい世紀の新しい政治」生活経済政策研究所.）

Cabinet Office（1999）*Modernising government.* cm4310. London: The Stationery Office.

Coleman, J, S.（1998）*Social capital and the creation of human capital,* American Journal of Sociology,（94）. pp.95-120.

Craig, G. & Tayler, M.（2002）Dangerous liaisons: local government and the voluntary and community sectors. chapter 9. pp.113-147. In: Glendinning, C., Powell, M. & Rummery, K. ed. *Partnerships, New labour and the Governance of Welfare.* Bristol: The Policy Press.

DeHogg, R.H.（1990）*Competition, Negotiation, or Cooperation-Three Models for Service Contracting.* Administration & Society. 22（3）. pp.317-340.

Denzin, N.K., & Lincoln, Y.S.（2000）*Handbook of qualitative research.* 2nd ed. Sage Publications（＝2006, 平山満義監訳「質的研究ハンドブック1巻-質的研究のパラダイムと眺望」北大路書房）.

Denzin. N.K., & Lincoln. Y.S.（2000）*Handbook of qualitative research.*（＝2006, 平山満義監訳「質的研究ハンドブック3巻-質的研究資料の収集と解釈」北大路書房.）

Department of the Environment Transport and the Regions（DETR）（2001）*Local Strategic Partnerships-Government Guidance.*

DoH（1998）*Partnership in action.* London: DoH.

Esping-Andersen, G.（1990）*The Three Worlds of Welfare Capitalism*（＝2005，岡沢憲芙・宮本太郎監訳『福祉資本主義の三つの世界 – 比較福祉国家の理論と動態』第5版. ミネルヴァ書房.）

Flick, U.（1995）*Qualitative Forshung*（＝2006，小田博志他訳『質的研究入門—＜人間の科学＞のための方法論』第2版. 春秋社.）

Giddens, A.（1998）*The Third way: the renewal of social democracy.*（＝1999，佐和隆光訳『第三の道 – 効率と公正の新たな同盟 –』第2刷. 日本経済新聞社.）

Gidron, B., Kramer, M.R., Salamon, M.L. ed（1992）Government and the Third Sector in Comparative Perspective: Allies or Adversaries?. IN: *Government and the Third Sector: Emerging Relationships in Welfare States.* Josseb-Bass Publishers.

Gledinning, C.（2002）*Partnerships between health and social services.* Policy & Politics, 30（1）. pp.115-127.

Hallett, C.（1996）Working Together in Child Protection. Chapter 7. pp.139-153. In: Waterhouse, L. ed. *Child abuse and Child Abusers-protection and prevention.* London: Jessica Kingsley Publishers.

Hansmann, H.（1987）Economic Theories of Nonprofit Organization. In: Powell, W. ed（1987）*The Nonprofit Sector. A research Handbook.* London: Yale University Press.

Hudson, B. & Fardy, B.（2002）What is a successful partnership and how can it be measured? chapter 4. pp.51-65. In: Glendinning, C., Powell. M., and Rummery, K. ed. *Partnerships, New Labour and the Governance of Welfare*: Bristol. The Policy Press.

Glendinning, C., Powell. M., & Rummery, K. ed. *Partnerships, New Labour and the Governance of Welfare.* Bristol: The Policy Press.

Johnson, N.（1981）Voluntary Social Services.（＝1989，田端光美監訳『イギリスの民間社会福祉活動 – その歴史と現状』全国社会福祉協議会.）

Lewis, J.（2005）*New Labour's Approach to the Voluntary Sector: Independence and the Meaning of Partnership.* Social Policy and Society. pp.121-131.

Lipsky, M.（1993）*Nonprofits for Hire. The Welfare State in the Age of Contracting.* London: Harvard University Press.

Lin, N.（2001）Social capital（＝2008，筒井淳也他訳『ソーシャルキャピタル：

社会構造と行為の理論』ミネルヴァ書房.）

Ling, T.（2002）*Delivering Joined-up government in the UK: Dimensions, issues and Problems. Public Administration.* Vol.80. No.4. pp.615-642. Oxford: Blackwell Publishers Ltd.

Maitland, F, W.（1988）Trust and corporation（＝1988,『信託と法人』森泉章監訳. 日本評論社.）

Marquand, D.（1998）*Must Labour Win?.* London: Fabian Society.

NCVO（1996）*Meeting the challenge of change: Voluntary action into the 21 stcentury (The Deakin Commission Report),* London: NCVO.

NCVO（1998）*Compact on Relations between Government and the Voluntary and Community Sector in England.* NCVO.

NCVO（2000）*Local Compact Guideline.* NCVO.

Office of the Deputy Prime Minister（ODPM）（2004）*Local Area Agreements: a prospectus.* London: ODPM.

Office of the Deputy Prime Minister（ODPM）（2005）*Local Strategic Partnerships: Shaping their future-A consultation paper.* London: ODPM.

Oxford Shire（2004）*Oxford shire Compact.* Oxford shire.

Pestoff, V, A.（1998）Social enterprises and civil democracy in a welfare society.（＝2007,『福祉社会と市民民主主義－協同組合と社会的企業の役割』藤田暁男他訳. 日本経済評論社.）

Phillips, A.（1994）Charitable Status.（＝1995, 横浜市企画局政策部調査課『チャリタブル・ステータス―イギリスのチャリティ法を理解するためのハンドブック』.）

Putnam, R.D.（1993）Making democracy work: civic traditions in modern Italy.（＝2001,『哲学する民主主義：伝統と改革の市民的構造』河田潤一郎訳. NTT出版.）

Rossi, P, H., Lipsey, M, W., & Freeman, H, E.（2004）Evaluation: A Systematic Approach.（＝2005, 大島巌・平岡公一ほか監訳「プログラム評価の理論と方法－システマティックな対人サービス・政策評価の実践ガイド」日本評論社.）

Saidel, R, J.（1989）*Dimensions of Interdependence: The State and Voluntary-Sector Relationship.* Nonprofit and Voluntary Sector Quarterly. vol.18. no.4. pp.335-347.

Salamon, L, M.（1995）Partners in Public Service.（＝2007,『NPOと公共サービス政府と民間のパートナーシップ』江上哲監訳. ミネルヴァ書房.）

Sams, C.F（1986）『DDT 革命－占領期の医療福祉政策を回想する』竹前栄治編訳．岩波書店．

Samuelson, P, A.（1954）*The Pure Theory of Public Expenditure.* Review of Economics and Statistics, 36. Nov.

Spicker, P.（1995）Social Policy（＝2001，『社会政策講義－福祉のテーマとアプローチ』武川正吾，上村泰裕，森川美絵訳．有斐閣．）

Tatara, T.（1975）1440years of Japanese social work from Its Origins through the Allied Occupation-522-1952.（＝1997．『占領期の福祉改革－福祉行政の再編成と福祉専門職の誕生』菅沼隆・古川孝順訳．筒井書房．）

The Audit Commission（1998）A fruitful partnership: effective partnership working. London; Audit Commission.

Titmuss, R, M.（1974）Social Policy: an introduction.（＝1981，三友雅夫監訳『社会福祉政策』恒星社厚生閣．）

Webb, S.（1914）*The Extension Ladder Theory of the Relation Between Voluntary Philanthropy and State or Municipal Action.* The survey: Social, charitable, civic: a journal of constructive philanthropy. pp.703-707. New York.

Weisbrod, B.A.（1977）*The Voluntary Nonprofit Sector: An Economic Analysis.* Lexington, Mass.: D.C. Heath.

Weisbrod, B.A.（1988）*The Nonprofit Economy.* Massachusetts: Harvard University press.

Wolfenden, J.（1978）*Wolfenden Committee Report-the Future of Voluntary Organisations.* London: Croom Helm Ltd.

あいち NPO 交流プラザホームページ
（https://www.aichi-npo.jp/2_nposhiraberu.html）〈2013.3.2閲覧〉

愛知県（2007）「行政から NPO への委託事業の積算に関する提言」
（https://www.aichi-npo.jp/7_keisyo/wakugumi/kyoudoukaigi/sekisanteigen0710/sekisesekisekisante.html）〈2013.3.2閲覧〉

愛知県（2010）「NPO と行政の協働について」
（http://www.pref.aichi.jp/cmsfiles/contents/0000034/34272/npokyoudou.pdf）〈2013.3.2閲覧〉

秋元美世（1996）「措置制度の諸問題－「反射的利益論」と権利性の確保の問題をめぐって－」『社会福祉研究』（66），pp.83-89.

圷洋一ほか（2011）『社会政策の視点－現代社会と福祉を考える』法律文化社．

荒又重雄（1991）「社会政策学の対象と研究方法の多元性」社会政策叢書編集委員会編『社会政策研究の方法と領域』社会政策叢書第15集．啓文社．

池本美和子（2009）『社会事業法案審議にみる戦前期社会事業の特徴』日本社会福祉学会第57回全国大会発表当日資料．

一番ヶ瀬康子（1971）「社会福祉における公私問題（社会保障研究所シンポジウム　レポート２）」『季刊社会保障研究』(29)，pp.73-79.

一番ヶ瀬康子編（1976）『児童問題講座①－児童政策』ミネルヴァ書房．

一番ヶ瀬康子（1978）『保健・福祉』日本婦人問題資料集成．第６巻．ドメス出版．

出丸朝代（2000）「NPOとの新たな協働への取り組み」『月刊福祉』83(4)，pp.66-69.

伊藤清（1995）『児童保護事業』戦前期社会事業基本文献集⑬．日本図書センター．

稲上毅（1974）「社会政策」とソーシャル・ポリシー」『季刊社会保障研究』10(2)．pp.23-34.

居林次雄（1982）「土光敏夫氏に聞く」『企業会計』34(1)，pp.161-163.

今井小の実（2005）『社会福祉思想として－の母性保護論争－"差異"をめぐる運動史』ドメス出版．

今井登志喜（1979）『歴史學研究法』第21刷．東京大学出版会．

今瀬政司（2007）『市民主権・地域主権に基づく"市民優位の協働政策"に関する研究』市民活動情報センター．

岩崎美紀子（2005）「デモクラシーと市民社会」神野直彦／澤井安勇編『ソーシャルガバナンス－新しい分権・市民社会の構図』第４版．第２節．pp.17-39.

NPOと行政の協働あり方検討会議（2004）『あいち協働ルールブック2004』（https://www.aichi-npo.jp/7_keisyo/kyodo/Aichi_RuleBook_2004.pdf）〈2013.3.2閲覧〉

蛯江紀雄（2001）「社会福祉法人のゆくえ」『社会福祉研究』(80)，pp.47-53.

エンパワメントみえ（2006）『MYTREE ペアレンツプログラム＜2005年度版＞報告書』．

エンパワメントみえ（2007）『MYTREE ペアレンツプログラム＜2006年度版＞報告書』．

エンパワメントみえ（2008）『MYTREE ペアレンツプログラム＜2007年度版＞報告書』．

大須賀明編（1977）『生存権』文献選集日本国憲法７．三省堂．

大原社会問題研究所（1919）『日本社会事業年鑑』同人社書店.

大原社会問題研究所編＜復刻＞（1997）『日本社会衛生年鑑［大正八年版］』皓星社.

大森彌、松村祥子（2006）『福祉政策Ⅰ－福祉政策の形成と実施』放送大学院.

大山博（2000）「『社会福祉法』制定とその目指すもの」『社会福祉研究』79.pp.2-12.

大山博ほか編（2002）『福祉国家への視座：揺らぎから再構築へ』ミネルヴァ書房.

小笠原浩一（2002）「社会福祉法人の改革と施設運営の課題－存在理由と公的責任を問う－」『社会福祉研究』（85），pp.27-34.

小笠原祐次（1998）「福祉サービスと措置制度」『社会福祉研究』（73），pp.45-52.

岡村重夫（1970）『地域福祉研究』一番ヶ瀬康子・井岡勉・遠藤興一編（2001）戦後社会福祉基本文献集23. 日本図書センター.

小川有美・宮本太郎（2005）「市民社会民主主義は可能か」In：山口二郎・小川有美・宮本太郎編『市民社会民主主義への挑戦―ポスト「第三の道」のヨーロッパ政治』日本経済評論社.

金川幸司（2008）『協働型ガバナンスとNPO－イギリスのパートナーシップ政策を事例として－』晃洋書房.

北川洋一（2004）「地方分権がもたらす行政のマネジメント化とパートナーシップ化―NPMとパートナーシップ論の合流による『第三の道』型改革」第4章. In：稲継裕昭編『包括的地方自治ガバナンス改革』東洋経済新報社.

北場勉（2000）『戦後社会保障の形成－社会福祉基礎構造の成立をめぐって』中央法規.

北場勉（2002）「社会福祉法人の沿革と今後の展望－他の公益・共益法人とのあり方の関連で－」『社会福祉研究』（85），pp.35-42.

北場勉（2006）『戦後「措置制度」の成立と変容』第2刷. 法律文化社.

協働ワーキンググループ・三重県生活部NPO室（2005）『協働のあり方を考える協働ワーキング報告書（案）』三重県.

熊沢由美（2002）「社会福祉法人制度の創設－社会福祉事業法の制定をめぐって－」『社会福祉研究』（83），pp.98-104.

黒木利克（1964）『日本の児童福祉』良書普及会.

黒木利克追悼録刊行会（1980）『黒木利克追悼録』.

桑原洋子、宮城洋一郎編（1999）『近代福祉法制大全1. 明治元年－12年』港の人.

香内信子編（1984）『資料母性保護論争』ドメス出版.

厚生研究所編（2006）『国民医療法と医療団』日本社会保障基本文献集(3)．日本図書センター.

厚生省（1959）『児童福祉十年の歩み』児童福祉基本法制(16)．日本図書センター.

厚生省（1978）『児童福祉三十年の歩み』児童福祉基本法制(17)．日本図書センター.

厚生省（1989）『今後の社会福祉のあり方について（意見具申)』.

厚生省（1993）『ボランティア活動の中長期的振興方策について（意見具申)』.

厚生省編（1987）『厚生白書　昭和61年版』厚生省.

厚生省編（1992a）『厚生白書　平成3年版』厚生省.

厚生省編（1992b）『広がりゆく福祉の担い手たち平成3年度版厚生白書－活発化する民間サービスと社会参加活動』ぎょうせい.

厚生省（1998）『社会福祉事業等の在り方に関する検討会（議事要旨)』.

厚生省児童家庭局編（1994）『利用しやすい保育所を目指して－保育問題検討会報告書』大蔵省印刷局.

厚生省社会援護局企画課（2000）「社会福祉法等関係法補足説明資料」『月刊障害者問題情報』，pp.59-98.

厚生省社会援護局地域福祉課監修（1993）『参加型福祉社会をめざして－ボランティア活動振興の新たな展開』全国社会福祉協議会.

才村純（2005）『制度と実践への考察－子ども虐待ソーシャルワーク論』有斐閣.

佐藤郁哉（2008）『質的データ分析法』新曜社.

佐藤功（1996）『日本国憲法概説』全訂第5版．学陽書房.

賛育会HP（http://www.san-ikukai.or.jp/history/index.html）〈2008.11.11閲覧〉

柴田義守（1993）『社会福祉の歴史とボランティア活動－イギリスを中心として－』第4版．大阪ボランティア協会.

島田恒（2003）『営利組織研究－その本質と管理－』文眞堂.

清水勝嘉（1991）『昭和戦前期日本公衆衛生史』不二出版.

児童福祉法研究会編（1978）『児童福祉法成立資料集成（上・下)』ドメス出版.

社會局（1986）「欧米各国児童保護ニ関スル法規」児童問題史研究会監（1986）『現代日本児童問題文献選集9』日本図書センター.

社会事業研究所（1948）『全国社会事業研究発表会発表要旨』10．財団法人日本社会事業協会.

社会事業研究所（1995）『社会事業施設の経営費に関する研究（総合編)』財団法

人日本社会事業協会.

社会福祉研究所（1979）『占領期における社会福祉資料に関する研究報告書』社会福祉研究所.

社会福祉研究所木村忠二郎先生記念出版編集刊行委員会編（1980）『木村忠二郎日記：故・木村忠ニ郎先生記念』社会福祉研究所.

社会福祉調査研究会編（1990）『児童保護』戦前日本社会事業調査資料集成第5巻.勁草書房.

社会福祉法人中央共同募金会（1997）『みんな一緒に生きていく−共同募金運動50年史』第一法規.

社会保障研究所編（1981）『Ⅰ保健・医療（上、下）』至誠堂.

社会保障研究所編（1982）『Ⅲ社会事業（中）』至誠堂.

社会保障制度審議会（1985）『老人福祉のあり方について（建議)』.

衆議院厚生委員会議録（http://www.shugiin.go.jp/）〈2008.10.12閲覧〉

新藤宗幸（1996）『福祉行政と官僚制』岩波書店.

神野直彦、澤井安勇編（2005）『ソーシャルガバナンス−新しい分権・市民社会の構図』第4版.東洋経済新報社.

菅沼隆（2005）『被占領期社会福祉分析』ミネルヴァ書房.

菅原京子（2001）『「国家資格」として−の保健婦の終焉・1−保健婦の誕生から二つの保健婦規則制定までの過程を追って』現代社会文化研究(22).

諏訪徹（2007）『ソーシャル・キャピタル論の地域福祉政策・実践への活用の可能性と意義に関する理論的考察』上智大学総合人間科学研究科・社会福祉学専攻博士前期課程学位論文.

世良晃志郎（1973）『歴史学方法論の諸問題』木鐸社.

全国社会福祉協議会（1990）『福祉改革Ⅱ・福祉関係8法改正特集』.

全国社会福祉協議会（1994）『福祉改革ⅴ・参加型福祉社会の構築』.

全国社会福祉協議会（2019）『地域共生社会の実現を主導する社会福祉法人の姿−地域における公益的な取組に関する委員会報告書』全国社会福祉協議会.

全社協養護施設協議会「養護施設三十年」編集委員会編（1976）『養護施設三十年』全社協養護施設協議会.

田尾雅夫、桑田耕太郎（1998）『組織論』有斐閣アルマ.

田尾雅夫、若林直樹編（2001）『組織調査ガイドブック』有斐閣.

高田正己（1951）『児童福祉法の解説と運用』児童福祉基本法制第8巻.日本図書センター.

高橋梵仙（1997）『日本慈善救済史之研究（一）〜（三)』戦前期社会事業基本文

献集52．日本図書センター．

武川正吾（1999）『社会政策のなかの現代－福祉国家と福祉社会』東京大学出版会．

竹前栄治監（1994）『GHQ 指令総集成－SCAPIN』エムティ出版．

田中建二（1999a）『行政－NPO 関係論の展開［一］－パートナーシップ・パラダイムの成立と展開－』名古屋大学法政論集178号，pp.143-176．

田中建二（1999b）『行政－NPO 関係論の展開［二］完－パートナーシップ・パラダイムの成立と展開－．』名古屋大学法政論集179号，pp.43-385．

田中真衣（2010）『「MY Tree ペアレンツプログラム」事業における行政と NPO の協働の現状』日本の地域福祉．23．pp.132-141．

田中真衣（2012）『市民社会における公私関係分析－福祉サービス供給におけるパートナーシップ政策の可能性』学位論文．上智大学．

田中弥生（2006）『NPO が自立する日－行政の下請け化に未来はない』．日本評論社．

谷川貞夫（1984）『社会福祉序説－戦前，戦中，戦後の軌跡』全国社会福祉協議会．

中央社会事業協会（1933-34）『日本社会事業年鑑』中央社会事業協会．

中央社会事業協会（1942）『日本社会事業年鑑昭和17年度版』社会事業研究所．

中央社会事業協会（1996）『財団法人中央社会事業協会30年史』戦前期社会事業基本文献集44．日本図書センター．

塚本一郎、古川俊一、雨宮孝子編（2004）『NPO と新しい社会デザイン』同文舘出版．

寺脇隆夫（1980）『大正 8 ～ 9 年段階の児童保護立法構想に関する資料』社会事業史研究第 8 号．社会事業史研究会，pp.131-169．

寺脇隆夫（1996）『昭和初頭における救貧立法制定方針の確定と児童扶助法案の帰趨－救護法の成立過程での「空白」に何があったのか－（上）、（下）』長野大学紀要第17巻第 4 号，pp.33-53、第18巻第 2 号，pp.30-50．

東京市社會局（1924）『震災後に於ける児童保護事業概況』東京市社会局調査報告書 9．日本近代都市社会調査資料集成 1．SBB 出版会．

東京市社会局（1939）「東京市保護事業要覧」近現代資料刊行会編．『日本近代都市社会調査資料集成 2．東京市・府社会調査報告書［大正11年～昭和18年］69 昭和14』（2）．地歴社．1995．

東京都民生局（1957）『東京都の社会福祉事業』．

東京府社会事業協会（1940）『社会福利』厚生事業第43．流渓書舎．

栃本一三郎（1996）「市民参加と社会福祉行政 − シチズンシップをどう確保するのか」社会保障研究所編『社会福祉における市民参加』社会保障研究所研究業書33，pp.63-100．東京大学出版会．

栃本一三郎、渡邊一雄、和田敏明編（1996）『ボランティア新世紀』第一法規．

栃本一三郎（2002a）「社会福祉計画と政府間関係」．三浦文夫ほか編『戦後社会福祉の総括と二一世紀への展望Ⅲ 政策と制度』，pp.95-152．ドメス出版．

栃本一三郎（2002b）「地域（コミューナル）社会政策＝対抗的社会政策の構想 − 既存福祉パラダイムと「地域福祉」からの脱皮」『月刊自治研』44（513）pp.43-55．自治研中央推進委員会．

栃本一三郎（2006）「福祉の供給体制」第7章．pp.111-136．大森彌、松村祥子『福祉政策Ⅰ − 福祉政策の形成と実施』放送大学．

内閣府（2012）「新しい公共支援事業連絡調整会議成果報告（事例報告）の部報告資料（中部・北陸ブロック）」
（http://www5.cao.go.jp/npc/unei/24nblock2kai/chubuhokuriku.pdf）〈2013.3.2閲覧〉

内務省,内閣統計局編（1992）『日本帝国人口動態統計：明治32年 − 33年、明治34年 − 35年』復刻版国勢調査以前日本人口統計集成．東洋書林．

長澤紀美子（2009）「ブレア労働党政権以降のコミュニティケア改革 − 高齢者ケアに係わる連携・協働と疑似市場における消費者選択 − 」『海外社会保障研究』（169），pp.54-70．

中島恵理（2005）『英国の持続可能な地域づくり − パートナーシップとローカリゼーション』学芸出版社．

永田祐（2012）『ローカル・ガバナンスと参加 − イギリスにおける市民主体の地域再生』第2版．中央法規．

中野いく子（1979）「イギリスにおける戦後のボランタリー・アクションの展開」『季刊社会保障研究』14(4)，pp.67-79．

仲村優一（1971）「社会福祉における公私問題（社会保障研究所シンポジウム レポート1）」『季刊社会保障研究』（29），pp.68-73．

中村陽一（1999）『日本のNPO − 2000』日本評論社．

名古屋市（2007）「市民活動団体と行政が共に行う研究ワークショップ事業 協働の手引書作成への基礎がため 事業報告書」

名古屋市（2011）『市民活動団体との協働の手引書』
（http://www.city.nagoya.jp/shiminkeizai/cmsfiles/contents/0000022/22439/tebiki_all.pdf）〈2013.3.2閲覧〉

名古屋市市民活動協働推進センターホームページ

（http://www.n-vnpo.city.nagoya.jp/npo_corp/bunya01.html）〈2013.3.2閲覧〉

灘尾弘吉（1940）『社会事業行政』戦前期社会事業基本文献集7．日本図書センター．

生江孝之（1923）『社會事業綱要』戦前期社会事業基本文献集28．日本図書センター．

新村出編（1996）『広辞苑』第六版．岩村書店．

西原春夫他編（1997）『旧刑法〔明治13年〕』日本立法資料全集34(3)．信山社．

西村万里子（2008）「地域再生政策とローカル・パートナーシップローカルガバナンスとボランタリー・コミュニティ組織の対等性・代表性－」塚本一郎、柳澤敏勝、山岸秀雄編『イギリス非営利セクターの挑戦－NPO・政府の戦略的パートナーシップ』第2版．ミネルヴァ書房．

日本科学史学会（1967）『医学2』日本科学技術史体系25．第一法規．

日本社会事業協会研究会（1940）『日本社会事業新体制要綱：国民厚生事業大綱』国立国会図書館デジタルコレクション．〈2019.12.26閲覧〉

日本社会事業大学救貧制度研究会編（1990）『日本の救貧制度』勁草書房．

パートナーシッププロジェクト（2005）『市民と行政が協働するための行動提案書』三重県．

林敏彦（2009）『経済政策』日本放送出版協会．

原胤昭（1909）「児童虐待防止事業」中央慈善協会編『慈善』第1編．第2号，pp.69-76．

ピオ十一世（1931）『クワアドラジェジモ・アンノ：教皇ピオ十一世回囘敕』岩波書店．

平岡公一、大山博他編（2000）『福祉国家への視座：揺らぎから再構築へ』ミネルヴァ書房．

福島正夫（1959）『「家」制度の研究．資料篇1』明治前期戸籍法令集．東京大学出版社．

古川孝順、浜野一郎、松矢勝宏編（1975）『児童福祉の成立と展開－その特質と戦後日本の児童問題』川島書店．

星野信也（1995）「措置委託制度と介護保険」『社会福祉研究』(63)，pp.24-29．

細井勇（1998）「児童福祉の原理と措置制度」『社会福祉研究』(72)，pp.79-86．

MY TREE ペアレンツ・プログラム実践グループ（2006）『MY TREE ペアレンツ・プログラム2001年度～2005年度実践報告書』．

増田雅暢（1998）「今日の福祉状況と社会福祉法人の意義－公益法人としての歴

145

史性を踏まえて－」『社会福祉研究』(72)，pp.28-36.

三浦文夫、橋本正明、小笠原浩一編（1999）『社会福祉の新次元－基礎構造改革の理念と針路』中央法規.

三重県（2005）「協働ワーキング報告書」(http://www.pref.mie.lg.jp/NPO/pdf/kyodo_no_rule.pdf)〈2013.3.2閲覧〉

三重県（2008）『「子どもを虐待から守る条例」第28条に基づく年次報告書（平成19年度版)』.

三重県環境生活部男女共同参画・NPO課NPOグループホームページ『協働事業提案事業』
(http://www.pref.mie.lg.jp/NPO/partnership/kyodojigyo.htm)〈2013.3.2閲覧〉

三重県児童相談センター（2006a）『平成18年度（平成17年度実績）児童相談所の状況』.

三重県児童相談センター（2006b）『エミール』児童相談センター四季報.

三重県児童相談センター（2007a）『平成19年度（平成18年度実績）児童相談所の状況』.

三重県児童相談センター（2007b）『(2007年度) MY TREE 実践記録』.

三重県児童相談センター（2008）『平成20年度（平成19年度実績）児童相談所の状況』.

宮田和明、江草安彦、鈴木五郎、右田紀久恵（1991）「戦後社会福祉の軌跡と21世紀への社会福祉展望」『社会福祉研究』(50)，pp.54-67.

宮本太郎（2008）『福祉政治－日本の生活保障とデモクラシー』有斐閣.

三好豊太郎（1936）『社会事業大綱』戦前期社会事業基本文献集．43．日本図書センター.

村上貴美子（1987）『占領期の福祉政策』勁草書房.

室田保夫編（2006）『人物でよむ近代日本社会福祉のあゆみ』ミネルヴァ書房.

八代尚宏（2002）「社会福祉法人の改革－構造改革の潮流のなかで－」『社会福祉研究』(85)，pp.19-26.

柳原正之（1983）「第二次臨時行政調査会と地方自治」『自治研究』59(4)，pp.15-26.

山川雄巳（1983）「政策研究の課題と方法」日本政治学会編『政策科学と政治学』岩波書店，pp.3-32.

山倉健嗣（2012）『組織間関係－企業間ネットワークの変革に向けて－』第9刷．有斐閣.

横浜市（1999）『横浜市における市民活動との協働に関する基本方針（横浜コー

ド)』
(http://www.city.yokohama.lg.jp/shimin/tishin/jourei/sisin/code.html)
〈2013.3.2閲覧〉
横浜市（2012a）『協働推進の基本指針』
(http://www.city.yokohama.lg.jp/shimin/tishin/jourei/sisin/pdf/12sisin.pdf)
〈2013.3.2閲覧〉
横浜市（2012b）『協働推進の基本指針（改訂版の概要）』
(http://www.city.yokohama.lg.jp/shimin/tishin/jourei/sisin/pdf/ 12sisingai
you.pdf)〈2013.3.2閲覧〉
横浜市環境創造局ホームページ
(http://www.city.yokohama.lg.jp/kankyo/park/play/playpark-2.html)
〈2013.3.2閲覧〉
横浜市協働事業提案審査委員会（2006）『横浜市協働事業提案制度モデル事業に
おける協働事業の実施について（提言）』
(http://www.city.yokohama.lg.jp/shimin/tishin/kyoudou/teian/pdf/teigen
18126.ppd)〈2013.3.2閲覧〉
横浜市市民局協働推進課ホームページ『協働事業提案制度モデル事業』
(http://www.city. yokohama.lg.jp/shimin/tishin/kyoudou/teian/)〈2013.3.2閲
覧〉
横浜市市民局市民協働推進部（2010）『市民と行政のための協働ハンドブック』
(http://www.city.yokohama.lg.jp/shimin/tishin/bank/handbook/handbook.
pdf)〈2013.3.2閲覧〉
横浜市市民局（2017）「横浜市市民協働条例の施行状況の検討報告書」
横浜市（2018）「平成29年度横浜市市民協働条例に基づく市民協働の取り組み状
況報告書」
吉田久一（1979）『現代社会事業史研究』勁草書房.
吉田久一、一番ヶ瀬康子編（1982）『昭和社会事業史への証言』ドメス出版.
若林千枝子（2007）「NPOとともに進める協働事業ふりかえりのしくみ」『月刊
自治フォーラム』571，pp.34-39.
渡辺光子（2012）『NPOと自治体の協働論』日本評論社.

著者紹介

田中　真衣（たなか　まい）

1980年東京都生まれ。日本女子大学人間社会学部社会福祉学科卒業。児童養護施設に児童指導員として勤務した後、Oxford Brookes University（MA in Social Policy）、上智大学総合人間科学研究科社会福祉学専攻博士後期課程を経て、2014年博士号（社会福祉学）取得。その間、日本学術振興会特別研究員（DC2）、上智社会福祉専門学校保育科専任教員をつとめる。厚生労働省社会・援護局障害保健福祉部障害福祉課障害福祉専門官を経て、現在、白梅学園大学子ども学部専任講師。ライフワークとして、2007年 子育て家族支援SomLic を設立。以降、子どもの虐待を予防するための活動を行い続けている。

パートナーシップ政策
福祉サービス供給における行政と NPO の関係

発　行　日——2020年3月20日　初版第1刷発行
　　　　　　　2022年9月5日　初版第2刷発行
著　　　者——田中　真衣
発　行　者——竹鼻　均之
発　行　所——株式会社みらい
　　　　　　　〒500-8137　岐阜市東興町40番地　第五澤田ビル
　　　　　　　TEL　058（247）1227㈹
　　　　　　　FAX　058（247）1218
　　　　　　　http://www.mirai-inc.jp/
印刷・製本——西濃印刷株式会社